LE VÉNÉRABLE PÈRE
LAUDE DE LA COLOMBIÈRE

DE LA COMPAGNIE DE JÉSUS

LYON. — IMPRIMERIE PITRAT, RUE GENTIL, 4

LE VÉNÉRABLE PÈRE

CLAUDE DE LA COLOMBIÈRE

DE LA COMPAGNIE DE JÉSUS

APOTRE DU SACRÉ CŒUR

SES VERTUS

PAR

LE P. HENRI DE ROCHEMURE

DE LA MÊME COMPAGNIE

PARIS

RETAUX-BRAY, LIBRAIRE-ÉDITEUR

82, RUE BONAPARTE

1889

AVANT-PROPOS

Le vénérable P. Claude de la Colombière, de la Compagnie de Jésus, est une des physionomies de saint les plus attrayantes du XVIIe siècle; elle ravit surtout les âmes dévouées au Sacré Cœur. Instruit presque directement à l'école du divin Maître, directeur éclairé de la bienheureuse Marguerite-Marie, avec les dons les plus précieux de la grâce, il avait reçu, comme par surcroît, le don d'une belle et riche nature.

Notre intention n'est pas de faire une *Vie*, encore moins une *Histoire* du P. de la Colombière[1], mais seulement de le considérer dans sa mission surnaturelle d'*apôtre du Sacré Cœur*, mission qui semble dominer toute sa vie; cet exposé sera suivi, comme complément,

1 Les RR. PP. Eugène Seguin et Pierre-Xavier Pouplard ont composé cette vie.

du tableau de ses vertus. Laissant de côté toutes ses gloires profanes, nous louerons le saint prêtre, le disciple du Sacré Cœur, le glorieux persécuté pour la foi catholique.

En supposant connus presque tous les faits matériels de sa vie, nous en donnons cependant une notice abrégée, pour en rappeler à nos lecteurs les principales phases. Notre œuvre enfin est plutôt ascétique qu'historique, et destinée surtout aux âmes pieuses.

Que le divin Cœur de Jésus, la bienheureuse Marguerite-Marie, le vénérable P. de la Colombière lui-même veuillent bien bénir ce petit écrit, et lui faire produire quelques fruits de grâce et de perfection.

NOTICE HISTORIQUE

SUR LE VÉNÉRABLE

PÈRE CLAUDE DE LA COLOMBIÈRE

DE LA COMPAGNIE DE JÉSUS

Claude de la Colombière naquit le 2 février 1641, à Saint-Symphorien d'Ozon, petit bourg du Dauphiné, et de l'ancien diocèse de Vienne. Il fit ses études littéraires à Lyon, au collège de la Trinité tenu par les Pères de la Compagnie de Jésus; l'éducation chrétienne qu'il y reçut développa les sentiments d'honneur et de piété, qu'il avait déjà puisés au sein de sa vertueuse famille. Appelé par une grâce de choix à la vie religieuse, il embrassa l'institut de Saint-Ignace, en 1659, à l'âge de dix-huit ans, et se fit remarquer dès l'abord par sa sainteté, à laquelle il joignait de grandes qualités naturelles, une rare distinction, un goût exquis, tout ce qui peut charmer l'esprit et gagner les cœurs. Successivement étudiant laborieux et distingué dans les différentes branches des sciences profanes et sacrées, brillant professeur de rhétorique au collège même de la Trinité, prédicateur plein d'onction, partout il laissa des traces de sa vertu et de ses talents. Devenu prêtre, il fit sa troisième année de probation à Lyon, à la maison Saint Joseph (1673 1674). Il acheva d'y jeter les fondements d'une haute perfection; on peut le constater dans son *Mémorial* ou *Retraite*, devenu comme le miroir, où sa belle âme se montre tout entière, et dans l'émission du vœu héroïque d'observer toutes ses règles; il avoua que ce vœu ne lui avait jamais fait de peine, et, au dire de ses contemporains, il l'a toujours parfaitement gardé.

Après sa troisième année de probation, par une providence particulière de Dieu, il fut nommé supérieur de la résidence des Pères Jésuites à Paray-le-Monial, où vivait saintement la bienheureuse Marguerite Marie; il en devint le directeur et le soutien. « Je t'enverrai mon serviteur », avait dit Jésus-Christ à la Bienheureuse. — « Voilà celui que je t'envoie », lui dit-il, la première fois que le Père vint au monastère de Paray. Ce fut le 16 juin 1675 que Notre-Seigneur désigna le vénéré Père à son humble servante comme devant l'aider dans son apostolat du Sacré Cœur; et le 21 juin de la même année, le Père se consacra tout entier à cette divine mission.

Un an après cette glorieuse destination, par un autre dessein miséricordieux de la Providence, il fut envoyé en Angleterre (1676) : il devait y être confesseur de la foi, en même temps que promoteur de la dévotion au Sacré Cœur. L'Angleterre, « ce pays des croix », comme il l'appelait, vit en lui un fervent apôtre et presque un martyr. Nommé prédicateur de Marie de Modène, épouse du duc d'York, héritier présomptif du royaume, il exerça son zèle à Londres de la manière la plus fructueuse, au milieu d'une nation plongée dans les ténèbres de l'hérésie. Il y eut, par son intermédiaire, des apostats ramenés à l'Église, des impies touchés de la grâce, des personnes du grand monde arrachées à une vie de plaisirs; ajoutez des vocations religieuses, des missionnaires envoyés dans les colonies anglaises, et surtout l'introduction dans cette ancienne « île des saints » de la dévotion au Sacré Cœur. Enfin la gloire de la persécution et les souffrances d'une longue et implacable maladie vinrent se joindre à celles de l'apostolat ; il avait été, du reste, prévenu par sa bienheureuse pénitente et de son départ de Paray et des tribulations qui l'attendaient hors de France. Calomnié par des personnes qui ne lui devaient que de la reconnaissance, il fut impliqué dans le ridicule complot de Titus Oates, jeté en prison, traduit devant les commissaires de la Chambre des pairs, et enfin banni du royaume.

Revenu en France au commencement de 1679, il passa à Paray quelques jours, qui lui suffirent pour faire encore beaucoup de bien et consoler la B. Marguerite-Marie. A Lyon, où il dut par obéissance soigner une santé presque complètement détruite par ses nombreux travaux, il fut chargé de la direction spirituelle des jeunes étudiants de la Compagnie de Jésus ; parmi eux se trouvait Joseph de Galliffet, plus tard assistant de France et un des plus ardents défenseurs et propagateurs de la dévotion au Cœur de Jésus dans le monde entier. Une dernière disposition providentielle le ramena à Paray, dans l'automne de 1681 ; et, conformément à une nouvelle parole prophétique de Marguerite-Marie, qui lui assura « que Dieu voulait le sacrifice de sa vie ici », il y mourut le 15 février 1682, âgé de quarante et un ans.

Comme nous le verrons bientôt, il laissa partout la réputation d'un saint. Le XVIIIe siècle et la grande Révolution n'altérèrent pas cette gloire du serviteur de Dieu ; et, deux siècles après sa mort, le 8 janvier 1880, Léon XIII a signé la cause d'introduction de sa béatification ; désormais il a le titre de vénérable. Le 12 mai 1888, la Sacrée Congrégation des Rites a reconnu la validité du procès apostolique fait par l'Ordinaire d'Autun, relativement à la renommée de sa sainteté, à ses vertus et miracles en général. En vertu de cette décision, la cause de béatification pourra suivre sa marche régulière en cour de Rome. On commence l'examen de ses écrits, et bientôt la question de l'héroïcité des vertus sera posée.

LE VÉNÉRABLE PÈRE

CLAUDE DE LA COLOMBIÈRE

DE LA COMPAGNIE DE JÉSUS

APOTRE DU SACRÉ CŒUR

SES VERTUS

CHAPITRE PREMIER

DE LA MISSION CONFÉRÉE PAR NOTRE-SEIGNEUR JÉSUS-CHRIST AU VÉNÉRABLE P. DE LA COLOMBIÈRE

La bienheureuse Marguerite-Marie avait reçu de Dieu une noble et céleste mission, la propagation dans tout l'univers de la dévotion au Sacré Cœur. Mais à côté d'elle s'est trouvé un enfant de saint Ignace, le vénérable P. Claude de la Colombière, qui a été son guide et son consolateur dans cet admirable apostolat.

Nous voulons montrer ce saint religieux, apôtre du Sacré Cœur, et donner ensuite un exposé succinct de ses vertus[1].

L'histoire des opérations de Dieu dans les âmes, toute l'économie de notre salut se réduisent à ces deux mots

[1] Ici nous devons protester de notre parfaite soumission aux décrets d'Urbain VIII : nous écrivons en simple historien, sans prévenir en rien les jugements de l'Église.

de saint Paul : « *Gratia Dei mecum* [1]; la grâce de Dieu avec moi ! » D'un côté, la grâce avec sa nature céleste, ses touches si délicates et si puissantes, ses industries ineffables, et de l'autre la liberté humaine avec ses luttes, ses faiblesses, ses grandeurs. Pour bien connaître l'histoire d'une âme et surtout d'un saint, il faut donc voir ce que Dieu a fait pour elle, et ce qu'elle a fait pour Dieu : dans un saint surtout, ce travail de Dieu et de la liberté humaine s'élève à des proportions incomparables de grandeur et de beauté. Nous avons à contempler ce double spectacle dans le vénérable P. de la Colombière.

I

Étudions d'abord le temps où Dieu fit apparaître le P. de la Colombière, à Lyon, à Londres et surtout à Paray ; l'action providentielle s'y fait déjà sentir. C'était l'apogée du grand siècle de la France, mais aussi le commencement de la décadence. Il vécut dans cette seconde moitié du XVIIe siècle, où la France était comme enivrée de son roi, de ses victoires, et de toute cette pléiade de génies qui l'illustraient en tout genre. Mais l'excès même de cette gloire avait ses dangers ; et, pour n'en donner qu'une preuve, deux mois après la mort du vénérable Père, se tenait à Paris, en 1682, la fameuse assemblée du Clergé, qui, fière devant le Pape, se courbait servilement devant le roi. Il y avait encore dans les masses un grand esprit de foi, mais qui s'altérait dans sa pureté et sa simplicité ; les plaisirs bruyants, scanda-

[1] I. Cor., XV, 10.

leux, remplaçaient l'austérité des anciens jours; le jansénisme insinuait perfidement son poison dans tous les membres du corps social; et déjà le XVIIIe siècle se montrait à l'horizon avec son sourire railleur, son délire impie, et, comme le dit notre grand poète :

..... Cet esprit de vertige et d'erreur,
De la chute des rois funeste avant-coureur.
RACINE.

Quel moment pour l'apparition de la dévotion au Sacré Cœur de Jésus ! l'amour allait disparaître, et l'ingratitude déborder.

Quant à la Compagnie de Jésus, dont l'un des enfants va nous occuper spécialement, elle était aussi à l'apogée de sa gloire surnaturelle et même humaine; elle avait couvert le monde de ses théologiens, de ses polémistes, de ses orateurs, de ses écrivains, de ses éducateurs des peuples et des consciences, mieux encore de ses saints et de ses martyrs; mais hélas ! l'heure de la persécution s'approchait, des colères sourdes s'amoncelaient autour d'elle, la tempête était sur le point d'éclater. Quel moment encore pour lui donner en gage, en propriété, le Cœur de Jésus, comme un refuge, un modèle, je dirai presque, comme une prophétie de sa vie future, où devaient et doivent se mêler les ruines et les résurrections.

Le P. de la Colombière vécut dans ce moment où Jésus-Christ, comme la colombe de l'arche, apportait au monde non plus seulement l'olivier de la paix, mais son propre Cœur. Avant sa passion, « *pridiè quàm pateretur* », il avait inventé le sublime mystère de la sainte Eucharistie; à la veille de ce déchaînement déjà deux fois séculaire de l'ingratitude des hommes, il présentait son Cœur à ce monde ingrat. Alors, avec la bienheureuse Marguerite-Marie apparaissait notre vénérable Père. Ce fut là le premier acte providentiel de Dieu à son égard, l'avoir fait naître dans le temps où devait se produire une des grandes manifestations de son amour, à laquelle il devait lui-même concourir.

Nous pourrions encore compter, parmi les bienfaits de Dieu, les dons naturels qu'il en avait reçus. Il suffit de lire la vie et les œuvres du P. de la Colombière, ou d'entendre ses contemporains, pour découvrir en lui une belle intelligence [1], un cœur d'une noblesse et d'une délicatesse exquises, surtout lorsque la nature eût été perfectionnée par la grâce. Il fallait une intelligence peu commune pour pénétrer tous les secrets de la vie surnaturelle et diriger des âmes comme la bienheureuse Marguerite-Marie; les plus grands directeurs, témoin saint François de Sales, le vénérable P. Louis du Pont, ont été des esprits très élevés, et sainte Thérèse préférait la science même à la sainteté pour la direction des consciences.

Un tel esprit, un tel cœur étaient à même, autant que l'humaine faiblesse le comporte, de connaître et d'aimer le Cœur de Jésus. Mais venons à des arguments plus précis, et surtout plus autorisés; ils mettront en pleine lumière l'action de Dieu dans cette âme privilégiée.

1 Dans un temps où la Compagnie de Jésus, en pleine paix, pouvait librement pratiquer ses usages de prudente lenteur pour la formation de ses enfants, le P. Claude, fut nommé, très jeune encore, professeur de rhétorique dans un des premiers collèges de France. Peu de temps après, n'ayant pas trente ans, il était prédicateur déjà célèbre (de Colonia, *Histoire littéraire de Lyon*).

II

Deux témoins surtout nous révèlent la haute sainteté et la mission sublime du saint religieux, Jésus-Christ et la bienheureuse Marguerite-Marie.

Et d'abord il a été choisi directement par Notre-Seigneur pour une des plus belles missions surnaturelles qui se soient produites dans le sein de l'Église catholique. « Au-dessus des Évêques, au-dessus du Pape, vicaire de Jésus-Christ, dit Mgr Pie, il y a Jésus-Christ lui-même qui peut, quand il le veut, se servir de voies extraordinaires, pour instituer dans l'Église ce qui lui plait [1]. » Certes, la mission de sainte Thérèse a été grande dans l'Église, et depuis plus de trois siècles, elle est louée, exaltée ; avec elle, on loue ses directeurs, saint Pierre d'Alcantara, saint François de Borgia, saint Jean de la Croix, le P. Balthazar Alvarez et tant d'autres religieux éminents. La mission de la B. Marguerite-Marie, disons-le hardiment, n'a pas été moins belle. Thérèse a éclairé l'univers entier de sa doctrine, et le cri de son amour pour Jésus-Christ retentira dans tous les siècles. Marguerite-Marie aima aussi Jésus-Christ ardemment ; son intelligence est évidemment moins cultivée, ses écrits sont plus simples, comme la prophétie d'Amos, fils de berger, est différente de celle d'Isaïe, fils de roi ; mais sa mission est incomparable de grandeur. Thérèse, pour faire constater l'origine divine de ses états extraordinaires, eut besoin des lumières des personnages les plus saints et les plus éclairés de l'Es-

[1] Homélie, 21 juin 1875.

pagne, où la foi catholique avait alors toute sa pureté. Marguerite-Marie, dont les voies n'étaient pas moins sublimes, dans une France encore catholique, mais où le jansénisme, le quiétisme et même l'incrédulité naissante exerçaient leurs ravages, fut confiée par Notre-Seigneur à la seule direction du P. de la Colombière. Le choix de Dieu constate d'ordinaire une aptitude pour la mission à laquelle il appelle ; mais surtout et toujours ce choix amène la grâce pour l'exécuter. Le vénérable P. de la Colombière, ayant été choisi directement par Jésus-Christ pour une si belle mission, a dû aussi recevoir des grâces spéciales pour l'accomplir.

Mais entrons plus avant dans la pensée de Jésus-Christ relativement à notre vénéré Père. Et d'abord il l'appelle « son serviteur[1] » ; c'est précisément le terme qu'emploient la Congrégation des Rites et les Pontifes romains pour désigner les bienheureux et les saints : c'est déjà le titre que le P. de la Colombière peut porter, comme *vénérable*. Sans doute, toutes les créatures matérielles ou intelligentes sont sujettes à Dieu ; dans la Bible, on voit les plus fiers conquérants, des rois impies appelés les serviteurs de Dieu, comme Nabuchodonosor ; ce sont des serviteurs plus ou moins forcés. Mais quand les deux volontés divine et humaine concourent ensemble, alors se réalise l'axiome si vrai : « *Servire Deo regnare est* ; servir Dieu, c'est être roi. » Que n'a pas fait Dieu à cause de David, son serviteur, « *propter David servum meum*[2] ». L'accomplissement de la

[1] Mémoire de la B. Marguerite-Marie. — Contemporaines. *Vie et œuvres de la B. Marguerite-Marie.*

[2] IV Reg., XIX, 34.

volonté de Dieu, nous le savons, est la perfection en tout genre. Le lis de la vallée aussi bien que l'arbre géant de nos forêts, l'humble ruisseau aussi bien que le grand fleuve, le grain de sable aussi bien que les plus hautes montagnes nous redisent la gloire de Dieu. De même, dans l'ordre moral et surnaturel, il y a mille variétés d'être, mille formes de sainteté, ayant toutes leur beauté, parce que toutes réalisent la volonté de Dieu, règle infaillible de tout ordre et de toute vertu. Or le titre de « serviteur de Dieu » suppose cette obéissance, cette soumission à la volonté divine; et quand il est donné par Celui qui ne peut pas se tromper, il est facile d'en déduire l'excellence de celui qui le reçoit.

Non seulement Jésus-Christ a appelé le P. de la Colombière « son serviteur », mais encore il lui a confié d'une manière spéciale la bienheureuse Marguerite-Marie. « Voilà celui que je t'envoie[1] », lui dit le Sauveur, quand elle vit pour la première fois le vénérable Père. L'admirable fille de saint François de Sales, nous le savons, était une de ces âmes d'élite dont Dieu est souverainement jaloux. Devant en faire l'apôtre de son Cœur, Jésus-Christ voulait mettre dans celui de son humble servante une pureté toute céleste. Elle était vraiment le jardin fermé, « *hortus conclusus* », où le divin époux seul devait porter ses pas. Du reste, Jésus-Christ lui-même l'avait proclamé avec une divine énergie. Quand Marguerite-Marie, par amour pour sa mère, pensait dans le monde à s'engager dans des liens profanes : « Apprends, lui dit le Seigneur des seigneurs,

[1] Mémoire.

que si tu me fais cette injure, je t'abandonne pour jamais. » Et jusque dans le sein de la vie religieuse, tout en lui commandant de préférer la volonté de ses supérieurs à la sienne propre, il ajouta : « Je me réserve la conduite de ton intérieur, et particulièrement de ton cœur. J'y ai établi l'empire de mon amour, je ne le céderai pas à d'autres [1]. » C'est cette âme si belle, si pure, dirigée sur cette terre dans des voies si radieuses, dans des sentiers si élevés, que Jésus-Christ confia au P. de la Colombière. Quand nous voulons faire l'éloge de saint Joseph, nous disons que le Saint-Esprit lui a confié la très pure Vierge Marie, dont il fut le tuteur, la providence, le chaste époux. Malgré la grande distance qui sépare les deux situations, ne pouvons-nous pas dire que Jésus-Christ, confiant la Bienheureuse à notre vénéré Père, lui a fait une très grande grâce en appelant une foule d'autres? L'union toute céleste du vénérable Père et de Marguerite-Marie rappelle celle de saint François de Sales et de sainte Jeanne-F. de Chantal.

Jésus-Christ va plus loin : il établit un parallèle et comme une espèce d'égalité entre la Bienheureuse et son vénérable directeur. Tous les lecteurs de la vie de la servante de Dieu connaissent la belle vision où le Sauveur lui montra son Sacré Cœur comme une fournaise ardente, et deux autres cœurs qui allaient s'unir au sien : ces deux cœurs étaient ceux de Marguerite-Marie et du P. de la Colombière [2]. « Notre-Seigneur voulait, disait-elle, que nous fussions, comme frère et sœur, également partagés des biens spirituels. » Et

[1] Mémoire.
[2] 8 février 1675. Contemporaines et Mémoire.

comme Marguerite-Marie, dans sa profonde humilité, se récriait : « Les richesses infinies de mon Cœur, lui dit Jésus-Christ, suppléeront et égaleront tout [1]. »

Par le moyen encore de la Bienheureuse, nous savons que Notre-Seigneur dirigeait lui-même toute la vie et les divers emplois du P. de la Colombière. Ainsi il annonce d'avance à Marguerite-Marie sa venue à Paray, bien « qu'on dût penser alors qu'un si rare mérite eût été beaucoup mieux à sa place dans un emploi plus important et sur un plus vaste théâtre [2]. » La Bienheureuse lui révèle, deux ans après, qu'il est appelé à travailler hors de France au salut des âmes ; et cet ordre s'exécute malgré deux ordres contraires qui furent révoqués. Elle continue à le soutenir, à le fortifier par des messages, dont les pensées lui sont fournies par le divin Maître. Jésus-Christ le console plusieurs fois, dans cette terrible maladie qui devait le moissonner à la fleur de l'âge. Enfin, Celui qui connaît parfaitement l'avenir lui fit dire « qu'il voulait le sacrifice de sa vie ici » (à Paray) [3].

Ne dirait-on pas réellement que provincial, supérieur immédiat, tous disparaissent dans cette vie, pour laisser la place uniquement à Jésus-Christ ? Quelle consolation pour le religieux ! car les idées de la foi sont bien plus sûres que toutes les révélations, de même que pour nous découvrir la présence réelle de Jésus-Christ au sacrement de l'autel, elles sont plus fortes que tous les miracles eucharistiques sensibles.

1 Contemporaines et Mémoire.
2 P. Daniel. *Histoire de la B. Marguerite-Marie.*
3 Contemporaines.

Jésus-Christ, non content de donner au vénérable Père la conduite d'une âme privilégiée entre toutes, en fait encore un grand apôtre ; il lui confie la mission d'établir dans le monde entier la dévotion au Sacré Cœur. Marguerite-Marie est l'âme, le cœur de cette dévotion : le P. de la Colombière en sera la voix. Il fallait qu'à côté de la vierge de Paray, choisie pour être le premier instrument de la miséricorde divine, il y eût un prêtre, représentant de cette Église hiérarchique qui dirige et gouverne avec autorité. Ce prêtre béni fut le P. Claude de la Colombière. D'autres ont pu avoir et ont exercé une influence plus universelle ; ce Père, après la bienheureuse Marguerite-Marie, est la source de ce beau fleuve qui féconde la terre.

Notons ici un fait bien consolant : ce fut le jour de la fête du Saint Cœur de Marie [1] que le Sauveur fit annoncer, pour la première fois, sa mission sublime au P. de la Colombière ; alors encore se réalisa la parole de l'Évangile : « *Invenerunt puerum cum Maria, matre ejus* [2]. » On trouve Jésus avec sa Mère.

Écoutons les paroles du Sauveur à son humble servante : « Adresse-toi à mon serviteur, le P. de la Colombière, jésuite, et dis-lui de ma part de faire son possible pour établir cette dévotion et donner ce plaisir à mon divin Cœur. Qu'il ne se décourage pas pour toutes les difficultés qu'il rencontrera, car il n'en manquera pas ; mais il doit savoir que celui-là est tout puissant, qui se défie de lui-même, pour se

[1] Le 8 février 1675, jour où dans la Congrégation du P. Eudes on célébrait cette fête.

[2] Matth., II, 11.

confier entièrement en moi[1]. » Telles sont les paroles divines, vrai titre de gloire pour notre vénéré Père; elles font de lui « l'homme enseigné de Dieu, et qui avait puisé dans la source de la Divinité[2] ».

III

Le témoignage de Jésus-Christ est formel sur le P. de la Colombière; celui de la Bienheureuse n'est pas moins explicite. Nous parlerons peu de ces témoignages pendant la vie du Père; ils se confondent généralement avec ceux de Notre-Seigneur: de plus, ils se retrouveront plus facilement sous notre plume dans le récit de sa coopération aux grâces de Dieu.

Quelle louange donnée au saint religieux, dans les deux lettres suivantes[3]! Bien qu'écrites après la mort du Père, elles se rapportent cependant à l'époque où il vivait sur la terre : « Mon souverain Maître m'envoya le R. P. de la Colombière, me faisant connaître que c'était un de ses plus fidèles serviteurs et de ses plus chers amis. » — « Il me fut dit pour lors distinctement que ce grand serviteur de Dieu avait été destiné en partie pour l'exécution de ce grand dessein. »

Comme la Bienheureuse console tous les malades résignés, et comme elle glorifie son vénérable Père, dans cette lettre à la Mère de Saumaise, en novembre 1680[4] : « La divine volonté est aussi dans les souffrances du R. P. de la Colombière : car l'ayant

1 16 juin 1675. Contemporaines.
2 B. Marguerite-Marie. *Litanies du P. de la Colombière.*
3 Lettres, CXXV et CXXVII.
4 Lettre X.

recommandé à sa bonté, il me fut dit une fois : « Que « le serviteur n'était pas plus grand que son maître, et « qu'il n'y avait rien de plus avantageux pour lui que « la conformité avec son cher Maître. » Selon l'œil humain, il semble que sa santé fût plus à la gloire de Dieu ; sa souffrance lui en rend incomparablement plus. Il y a temps pour souffrir et temps pour agir ; il y a un temps pour semer et l'autre pour arroser et cultiver. C'est ce qu'il fait à présent : car le Seigneur prend plaisir à donner un prix inestimable à ses souffrances par l'union avec les siennes, pour les répandre après comme une rosée céleste sur cette semence qu'il a répandue en tant de lieux, et pour la faire croître et profiter en son saint amour. »

Dans la légende du bienheureux P. Lefèvre, il est dit qu'il était honoré comme saint par saint François-Xavier, saint François de Borgia et saint François de Sales; et certainement ces témoignages ont contribué à la béatification de ce fils aîné de saint Ignace. Le temps, où a vécu le vénérable P. de la Colombière, ne permet plus de prendre uniquement cette base pour sa glorification ; mais elle peut augmenter la *renommée de sainteté* nécessaire à sa béatification.

La pensée de Marguerite-Marie apparaît surtout après la mort du P. de la Colombière. La mort est la fin, le terme du chrétien voyageur, elle est pour lui le commencement de l'immobile éternité. Le sage nous dit lui-même de ne pas louer quelqu'un avant sa mort [1]; mais une fois ce terme arrivé, ni la défaillance,

[1] *Eccli.*, XI, 30.

ni la vanité ne peuvent atteindre le fils d'Adam ; il est fixé à jamais dans l'état où la justice éternelle l'a placé ; et pour les saints, comme le proclame la liturgie catholique, leur mort est le jour de leur vraie naissance.

Marguerite-Marie, après la mort de son vénéré Père, ne met plus de bornes, pour ainsi dire, à son respect filial. A peine a-t-il passé à un monde nouveau, qu'elle le voit momentanément dans le lieu d'expiation, et quelques heures après son trépas[1] : « Cessez de vous affliger, dit-elle, invoquez-le et ne craignez rien ; il est plus puissant pour vous secourir que jamais... Il est en état de prier Dieu pour nous, étant bien placé dans le ciel par la bonté et miséricorde du Sacré Cœur de Jésus, notre Sauveur. » Marguerite-Marie vécut encore huit ans après la mort du Père, et ces huit années furent un hymne perpétuel en son honneur. Nous en trouvons la preuve spécialement dans ses *Lettres* et dans les prières qu'elle lui adressait. Le mot de *saint*, de *sainteté* revient souvent dans ses *Lettres*. C'est ce Père « qu'on vénère comme un saint[2] » ; ce saint homme, qui lui « était lui-même tout dédié (au Sacré Cœur) et ne respirait que pour le faire aimer, honorer et glorifier. Aussi est-ce là, je pense, ce qui l'a élevé à une si haute perfection et en si peu de temps[3]. » En 1687, elle l'appelle encore par deux fois « notre bien saint Père, notre bienheureux P. de la Colombière » ; elle envoie des reliques du « saint

[1] Contemporaines.
[2] 4 juillet 1686.
[3] 15 septembre 1686.

Père, » elle parle des grâces accordées par son secours, assurant qu'elle avait été guérie elle-même d'un violent mal au doigt; elle célébrait « sa fête » le jour de sa mort, comme on le fait pour les saints. Deux mois et demi avant de mourir, la Bienheureuse écrivait ces lignes : « Je me suis proposé (pour me tenir prête à paraître devant la sainteté de Dieu) de faire une retraite intérieure dans le Sacré-Cœur de Jésus-Christ... La Sainte Vierge sera ma bonne Mère; et pour protecteurs j'aurai saint Joseph et mon saint fondateur. Le bon P. de la Colombière m'est donné pour directeur, pour m'apprendre à accomplir les desseins de ce Cœur adorable, conformément à ses maximes [1]. » Voilà comment parlait de son Père mort cette sainte âme, au moment où elle était arrivée au comble de la perfection et presque au seuil de l'heureuse éternité.

Si ses *Lettres* nous marquent si bien la pensée de la Bienheureuse, touchant le P. de la Colombière, ses prières sont encore plus expressives : nous disons ses prières, car on les trouve dans deux manuscrits faits de son vivant, et dont la Bienheureuse s'est servie.

En lisant ces litanies, ces oraisons dites si souvent par Marguerite-Marie, il est impossible de ne pas voir la haute idée qu'elle avait du fils de saint Ignace. Les plus belles appellations, les noms les plus touchants, les titres les plus apostoliques se pressent sur ses lèvres virginales; et, chose merveilleuse, elle ne pratiquait qu'un culte privé, disant : « Priez pour moi », et non « Priez pour nous. »

[1] Contemporaines.

Ces litanies sont terminées par une oraison encore plus louangeuse : « O Dieu éternel et tout-puissant, qui nous avez donné en ces derniers siècles un modèle de toute sainteté, en la personne du bienheureux P. de la Colombière, votre fidèle serviteur, de la Compagnie de Jésus, nous vous supplions de nous octroyer par ses saintes et puissantes intercessions auprès du Sacré Cœur de Jésus-Christ, de l'imiter en ses vertus de charité, simplicité, humilité, afin que nous parvenions au bonheur éternel. Par le même Jésus-Christ qui vit et règne dans les siècles des siècles. Ainsi soit-il. »

Enfin la Bienheureuse achève de faire l'éloge de son Père spirituel, en décrivant la mission magnifique qu'il continue à remplir dans le ciel. Une de ses *Lettres* [1] nous le montre faisant « dans le ciel, par ses intercessions, ce qui s'opère ici-bas en terre pour la gloire de ce Sacré Cœur. » Mais le témoignage le plus éclatant de la sainteté du P. de la Colombière se trouve dans la célèbre apparition qu'eut la Bienheureuse, le 2 juillet 1688, apparition décrite dans une lettre à la Mère de Saumaise [2], et dont on vient de célébrer l'anniversaire dans plusieurs villes et communautés religieuses. Elle vit « l'aimable Cœur de Jésus avec sa plaie, laquelle jetait des rayons si ardents et si lumineux, que tout ce lieu en était éclairé et échauffé. La très Sainte Vierge était d'un côté, notre Père saint François de Sales de l'autre, avec le saint P. de la Colombière, et les filles de la Visitation paraissaient dans ce lieu... » La très Sainte Vierge donna

1 23 février 1689.
2 Juillet 1688. Lett. LXXXV.

aux filles de saint François de Sales le Cœur de son Fils comme « un divin trésor », et leur recommanda la propagation de son culte. Puis, se tournant vers le P. de la Colombière, qu'elle appela« fidèle serviteur de son Fils, » elle lui fit le même don et la même recommandation pour lui et les Pères de la Compagnie de Jésus.

Voilà comment la Bienheureuse parlait de son Père et du nôtre. On croirait voir, proportion gardée, saint Bonaventure écrivant la vie du séraphin d'Assise, et saint Thomas, à cette vue, s'écriant : « Laissons un saint écrire la vie d'un saint. »

IV

Après ces deux grands témoignages partant de si haut, citons quelques paroles des contemporains sur le P. de la Colombière; elles nous montreront combien déjà, de son temps, était grande la renommée de sa sainteté ; en général cependant on est plus difficile pour ceux que l'on voit de plus près. A la Visitation, non seulement Marguerite-Marie, mais toutes ses compagnes, disons mieux, l'ordre entier regardait le Père comme un saint. Jusqu'en 1765, les sœurs de Paray, conservant sa dépouille mortelle, disaient de lui : « Il repose dans notre sépulture intérieure, dans une chasse, près celle de notre vénérable sœur Alacoque. C'est là que nous invoquons journellement ces deux grands serviteurs de Dieu [1]. » A Condrieu, où avait vécu sa sœur, même réputation, même cri de louange de la part des filles de saint François de Sales. A Paray, non moins grande est sa renommée de

[1] Archives de la Visitation de Paray.

sainteté ; nous en avons pour témoins les Contemporaines de la Bienheureuse elle-même : « Il est proclamé saint par tout le peuple, disent-elles, bien qu'il ne puisse pas encore être canonisé ; mais on espère qu'avec le temps il le sera. » Les peuples de la province (Charolais) l'honorèrent comme un saint, dit le P. de la Pesse, éditeur de ses œuvres : « Son tombeau, ajoute-t-il, est comme le dépositaire des vœux et de la piété des fidèles d'alentour ;... des personnes les plus qualifiées, les plus vertueuses... du royaume... ont assuré qu'il s'est opéré des prodiges par son entremise. » Après sa mort, les magistrats de la ville voulurent lui élever un monument, ce que ne permirent pas les Pères de la Compagnie.

Dans la Compagnie de Jésus elle-même, le P. de la Colombière apparut, dès sa mort, avec l'auréole de la sainteté. Deux ans après son décès, le Père, que nou venons de nommer, en parlait comme d'un saint : « Pénétré de la grandeur de Dieu et du néant des créatures, il ne pouvait cacher l'esprit qui le gouvernait... Sa seule présence inspirait des sentiments relevés à l'égard de Dieu et du salut. » Le P. de Colonia, dans son *Histoire littéraire de Lyon*, écrit qu'il « mourut en odeur de sainteté ». Les témoignages de deux autres Pères résument certainement une pensée commune à tous leurs confrères. Le P. Croiset, dans son *Abrégé de la vie de Marguerite-Marie*, en parle en termes fort élogieux ; il l'appelle « le grand serviteur de Dieu ». Le P. de Galliffet, ce nouvel apôtre du Sacré Cœur, dit à son tour : « En 1680, au sortir de mon noviciat, j'eus le bonheur de tomber sous la direction spirituelle du R. P. Claude de la Colombière, le directeur *que Dieu avait donné à la Mère Marguerite*, laquelle était encore vivante [1]. » — « C'était un homme d'une vertu éminente, et que Dieu avait doué d'un rare discernement des esprits... Il a été regardé, durant sa vie, comme un modèle de perfection religieuse... Il mourut en odeur de sainteté [2]. »

Citons encore Mgr Languet, faisant le plus grand éloge non seulement du talent, mais encore de la vertu du saint directeur de Marguerite-Marie, et Benoît XIV, le mettant au nombre des grands prédicateurs de l'Évangile : « *Celeber est inter evangelicos prædicatores*[3]. »

Ces éloges, après ceux de Jésus-Christ et de la Bienheureuse, suffisent abondamment pour prouver combien Dieu avait distingué et choisi cette âme pour la plus noble des missions. Le P. Claude de la Colombière était vraiment l'élu de Dieu ; Jésus-Christ l'avait attiré dans l'intime de son Cœur. Fils d'Ignace, et frère, que dis-je, père par l'esprit et par un choix divin de la bienheureuse Marguerite-Marie, il participait, d'après la volonté du Maître, aux mêmes lumières, aux mêmes faveurs, il avait les mêmes entrées libres dans le Cœur d'un Dieu. Nous pouvons affirmer que Dieu a été admirable dans ce Père : « *Mirabilis Deus in sanctis suis.* » Il nous reste à voir comment il a coopéré lui-même à l'œuvre de Dieu.

1 Galliffet. *Mémoire apologétique.*

2 *Excellence de la dévotion au Sacré Cœur...*

3 Le censeur royal de ses œuvres, le docteur Vuillielmot, dit, en parlant de ses sermons : « On y remarque le caractère de la piété et du zèle de leur auteur, qui ne s'est pas moins rendu recommandable par la régularité de sa vie, que par les travaux apostoliques, dans lesquels il n'a pas manqué au martyre, si le martyre lui a manqué. » Approbation de la seconde édition (1687).

CHAPITRE II

FIDÉLITÉ DU VÉNÉRABLE PÈRE DE LA COLOMBIÈRE A SA MISSION

I

La fin spéciale de la vie du P. de la Colombière ayant été l'établissement, dans le monde catholique, de la révotion au Sacré Cœur, surtout par l'assistance donnée à la bienheureuse Marguerite-Marie, il a dû d'abord être un parfait directeur de cette humble fille de saint François de Sales. De fait, il l'a comprise parfaitement; et dès leur premier entretien, se vérifièrent en lui les paroles de la Bienheureuse: « Sans que nous nous fussions jamais vus ni parlé, il me parla comme s'il eût compris ce qui se passait en moi[1]. » Jusqu'à son arrivée à Paray, les directeurs de Marguerite-Marie et ses supérieures étaient effrayés de cette grande lumière qui les éblouissait, pour ainsi dire. Au milieu des incertitudes, des variations, le P. de la Colombière n'a jamais hésité, il a toujours vu en elle l'esprit de Dieu, la lumière de Dieu. Cette ferme conviction supposait une haute science théorique, et même, nous le croyons, un peu expérimentale des voies divines.

Le Père a donc compris Marguerite-Marie[2]; il l'a aussi

[1] Mémoire.

[2] Le Père, la première fois qu'il vit Marguerite-Marie dans une conférence donnée à la Visitation, sans savoir qui elle était, fut frappé

parfaitement dirigée. Après l'avoir assurée de la bonté de l'esprit qui l'animait, « d'autant qu'il ne la retirait point de l'obéissance [1] », il lui apprit à s'humilier profondément devant la majesté d'un Dieu si plein d'amour, à ne pas révéler à d'autres qu'à ses supérieurs ces secrets du Roi du ciel. D'après ses instructions, elle se livra sans plus de scrupule à son attrait spécial pour l'oraison, ne cherchant plus à entrer péniblement quand la porte lui était grandement ouverte ; et, sur son ordre, elle mit par écrit les faveurs divines qu'elle recevait. « Du reste, dit la Bienheureuse, il n'épargnait rien pour m'humilier et me mortifier, ce qui me faisait grand plaisir [2]. » Et quand le Père fut obligé de quitter la première fois Paray, pour se rendre en Angleterre, je doute que quelqu'un ait mieux apprécié que lui les opérations divines dans cette âme privilégiée. Écoutons les paroles qu'il lui laissa comme mémorial : « Il faut vous souvenir que Dieu demande tout de vous et qu'il ne demande rien. Il demande tout, parce qu'il veut régner sur vous et dans vous, comme dans un fonds qui est à lui en toute manière, de sorte qu'il dispose de tout, que rien ne lui résiste, que tout plie, que tout obéisse au moindre signe de sa volonté. Il ne demande rien de vous, parce qu'il veut tout faire en vous, sans que vous vous mêliez de rien, vous contentant d'être le sujet sur qui et en qui il

de la grâce extraordinaire qui brillait en elle. Il demanda à la Mère de Saumaise quelle était cette religieuse. « La supérieure la lui ayant nommée, il dit que c'était une âme de grâce. » (Contemporaines). Jésus-Christ lui-même établissait entre ces deux âmes si pures une union étroite qui devait concourir à glorifier son divin Cœur.

1 Mémoire.

2 Mémoire.

agisse, afin que toute la gloire soit à lui, et que lui seul soit connu, loué et aimé éternellement [1]. » Dans ces quelques lignes, n'y a-t-il pas toute la vie de la bienheureuse Marguerite-Marie, et la suite des opérations divines à son égard? Ces opérations, en effet, se résumaient dans une domination perpétuelle, universelle, irrésistible, souveraine de Jésus-Christ sur cette âme bénie, domination qui faisait sa gloire, mais encore plus celle de Celui qui l'exerçait. D'un côté, une autorité sans limites, une action sans intermittence, un pouvoir d'une jalousie toute divine, une sainteté suavement persécutrice, aux yeux toujours ouverts, et de l'autre, l'abandon le plus complet, la résignation la plus profonde, voilà l'histoire de Marguerite-Marie, comme aussi les conseils du P. de la Colombière.

Une bonne direction amène la consolation, et le Père devint non seulement le directeur, mais encore le consolateur de la Bienheureuse. Dans son *Mémoire*, Marguerite-Marie y fait souvent allusion : « Je reçus de sa part de trés grandes consolations. » — « Ce saint homme fut pour moi un sujet de grandes consolations. » Et dans une lettre au P. Rolin : « Ce saint directeur, dit-elle, fit cesser toutes mes peines... J'entrai, pour lors, dans cette grande tranquillité de cœur et dans cette douce paix dans laquelle mon doux Sauveur m'a toujours depuis ce temps là conservée, parmi les croix, parmi les humiliations et les souffrances, dont il n'a jamais cessé d'honorer son indigne esclave, et dans lesquelles seulement je puis trouver ma consolation, mon

[1] Contemporaines.

plaisir et mon repos[1]. » Aussi à sa mort, la Mère Greyfié put-elle dire justement : « Ce fut pour elle une perte bien sensible; cette chère sœur perdait en lui le meilleur ami qu'elle eût au monde[2]. » Oui, le Père fut le consolateur de Marguerite-Marie, mais consolateur tout céleste, tout divin. Le détachement était égal de part et d'autre. A son retour d'Angleterre, le Père ne la vit qu'une fois dans son séjour à Paray; et quant à la Bienheureuse, la Mère Greyfié aux paroles, que nous venons de citer, ajoute les suivantes : « Je ne le lui ai jamais vu regretter, mais ouï bien souvent se réjouir de son bonheur éternel auquel elle prenait part. » Néanmoins le détachement n'empêchait pas l'intérêt paternel. Ce Père, comme tous les vrais pères, savait non seulement agir, mais encore souffrir pour cette âme que Dieu lui avait confiée. La Bienheureuse l'avoue : « Le Père eut beaucoup à souffrir à cause de moi. L'on disait que je voulais le tromper comme les autres par mes illusions. Mais cela ne lui faisait aucune peine. Il ne laissa pas de me continuer son secours, durant le peu de temps qu'il fut dans cette ville, et il l'a toujours fait depuis[3]. »

II

Ainsi le P. de la Colombière a parfaitement accompli sa mission de diriger la bienheureuse Marguerite-Marie. C'est dire, en termes équivalents, qu'il a aussi fidèlement accompli son autre mission d'établir et de

[1] Lett. cxxv.
[2] Contemporaines.
[3] Mémoire.

propager la dévotion au Sacré Cœur, Marguerite-Marie, dans toute sa vie mortelle, ayant eu le même but, a même destinée.

Le 16 juin 1675, il avait été initié à cette dévotion par sa sainte pénitente, et Notre-Seigneur lui avait demandé son concours. Le 21 juin de la même année, qui était le vendredi après l'octave du Saint-Sacrement, il s'engagea par une consécration solennelle au service du Sacré Cœur. Depuis ce temps, il en fut le panégyriste le plus assidu, le promoteur le plus fervent, surtout depuis qu'il eut constaté en lui-même et dans les autres les fruits merveilleux qui en résultaient pour les âmes. Partout il propagea la pratique de la communion réparatrice du premier vendredi du mois et du vendredi après l'octave du très Saint-Sacrement. Par ses soins, cette belle dévotion fut inspirée aux PP. Croiset et de Galliffet, si zélés pour la répandre dans tout l'univers, ainsi qu'à la duchesse d'York, plus tard reine d'Angleterre, et la première à solliciter du Saint Siège l'érection de la fête du Sacré Cœur. C'est à Londres, dans le palais de Saint-James, qu'il s'écriait : « Il faut, ô mon Dieu, il faut que vous nous donniez un autre cœur, un cœur tendre, un cœur sensible, il nous faut donner un cœur tout semblable au vôtre, il nous faut donner votre Cœur même. Venez, aimable Cœur de Jésus, venez vous placer dans mon sein, venez y allumer un amour qui réponde, s'il est possible, aux obligations que j'ai d'aimer mon Sauveur[1]. » Quels accents, et comme ils durent consoler le Cœur de Jésus, si abandonné, si inconnu, au milieu de l'hérétique Angleterre !

[1] Sermon pour la Fête-Dieu.

Dans plusieurs de ses *Lettres* et spécialement dans sa *Retraite spirituelle* de 1677, à Londres, il parle expressément de cette dévotion, de la volonté de Dieu à son égard touchant sa propagation, et de ce qu'il avait fait en Angleterre et en France, pour se conformer à la volonté divine : « Que ne puis-je, ô mon Dieu, être partout, ajoutait-il, et publier ce que vous attendez de vos serviteurs. » Mgr Languet dit, en parlant de cette *Retraite* de 1677 : « La haute idée qu'on avait dans le monde de la sainteté du R. P. de la Colombière, la réputation qu'il s'était faite par l'éloquence et la force de ses sermons,.., prévinrent en faveur d'une dévotion dont il estimait la pratique; et le cahier de ses retraites, imprimé, et partout reçu avec admiration, fit presque autant d'adorateurs du Cœur de Jésus-Christ que ce livret eut de lecteurs[1]. » C'est dans cette *Retraite* qu'il offrit « toutes ses satisfactions et tous ses mérites pour réparation de tant d'outrages et de si cruelles ingratitudes » que reçoit le divin Cœur.

De retour en France, il continua à s'occuper de sa chère dévotion. Nous en avons pour preuve la parole d'un Père de la Compagnie de Jésus qui fut le plus parfait imitateur de son zèle : « C'est de ce serviteur de Dieu, dit le P. de Galliffet, que je reçus les premières instructions touchant le Sacré Cœur de Jésus-Christ, et je commençai dès lors à l'estimer et à l'affectionner[2]. » Même dans le ciel, le vénérable Père continue sa grande œuvre apostolique; nous l'avons constaté, d'après le témoignage de Marguerite-Marie.

1 *Vie de la B. Marguerite-Marie.*
2 P. Daniel. *Vie de la B. Marguerite-Marie,* xxix.

C'est une grande joie à tous les amis du Cœur de Jésus, de savoir qu'auprès de Dieu le saint religieux ne cesse de prier et d'intercéder pour l'extension du culte de ce Cœur divin. Elle est plus grande encore pour les Pères de la Compagnie de Jésus, puisqu'au dire de la Bienheureuse, « le bon P. de la Colombière a obtenu que la très sainte Compagnie de Jésus sera gratifiée, après notre cher Institut, de toutes les grâces et privilèges particuliers de la dévotion du Sacré Cœur de Notre-SeigneurJésus-Christ[1]. » Les enfants de saint Ignace seront toujours infiniment reconnaissants au P. de la Colombière de leur avoir obtenu ce magnifique don, qui fait leur gloire, leur force et leur consolation.

Le vénérable Père a ainsi accompli fidèlement sa double mission; diriger une âme chère à Jésus-Christ entre toutes, établir et propager la dévotion au Sacré Cœur.

Né aux portes de Vienne, dans le diocèse duquel un mois avant sa naissance mourait le thaumaturge des Cévennes, saint François Régis, il avait employé ses trente-trois premières années à se préparer, sans le savoir, à la glorieuse mission que Dieu lui destinait; arrivé à l'âge où mourut l'Homme-Dieu, il reçut pour lui, pour ses frères en religion et pour l'univers entier, ce présent merveilleux de son Cœur. Pendant huit ans consécutifs, il vécut et travailla pour sa gloire. Ce divin Cœur l'accompagna partout, en France, en Angleterre, dans le palais des rois comme dans l'obscurité d'une prison.

1 Lettre XCVII.

Il l'avait fait venir à Paray par les secrets desseins de sa providence ; cette même volonté divine l'arrêta encore à Paray, pour l'y faire mourir, à côté de Marguerite-Marie, et de ce sanctuaire où il l'avait appelé son serviteur. A lui s'appliquent spécialement les paroles de sa glorieuse pénitente : « Oh ! qu'il est doux de mourir, après avoir eu une constante dévotion au Cœur de celui qui doit nous juger [1]. »

[1] Lettre CXXXII.

CHAPITRE III

VERTUS DU VÉNÉRABLE P. DE LA COLOMBIÈRE

Ayant à faire le tableau des vertus du P. de la Colombière, tableau qui achèvera de révéler en lui l'homme de Dieu et le serviteur de Jésus-Christ, nous devons nous rappeler que la perfection chrétienne est une mort avant d'être une vie, une sépulture avant d'être une résurrection. Nous aurons donc à traiter d'abord des vertus qui ont pour premier but de briser les liens qui nous enchaînent au monde ; dans un nouveau chapitre, nous retracerons celles dont la fin est de nous rattacher directement à Dieu. Cette division, outre qu'elle repose sur un fondement réel, aura au moins le mérite de mettre un certain ordre dans notre exposition.

I

Mais comme, selon l'axiome philosophique, on ne peut désirer ce qu'on ne connaît pas, il est bon de montrer la parfaite connaissance que le Père avait de la perfection chrétienne et de son grand modèle, Notre-Seigneur Jésus-Christ. Deux lumières, la foi et l'oraison, lui firent connaître le monde surnaturel de la grâce.

La foi fut vive dans le P. de la Colombière. Son

éducation avait été profondément catholique, tant au sein de sa famille que dans les écoles de la Compagnie de Jésus. Cette foi le fit renoncer au monde et embrasser une vie de croix et de sacrifices. Attaché du fond du cœur à la sainte Église romaine, il en proclama les dogmes les plus opposés aux erreurs de son temps, surtout la sainte Eucharistie, même au milieu de pays infectés par l'hérésie. Tout ce que nous dirons dans la suite de ce petit écrit prouvera que l'esprit de foi animait sa conduite; et pour l'augmenter, il aima et pratiqua l'oraison, qui en est l'aliment le plus substantiel.

L'oraison seule, en effet, peut mettre devant les yeux de notre intelligence cette personne divine qu'on nomme Jésus-Christ; seule elle nous fera trouver dans son regard, sur ses lèvres, encore plus dans son cœur ce qu'il veut de nous, ce qu'il désire nous apprendre. Le P. de la Colombière eut ce don d'oraison : « On peut dire, nous apprend l'éditeur de ses œuvres, que, quelle que fût son occupation, l'oraison l'occupait toujours. Il s'était fait une si grande habitude de rapporter toutes ses réflexions aux choses célestes qu'il était incapable de considérer un motif ou un intérêt humain. »

Il avait les deux vertus qui disposent à l'oraison : le recueillement le plus parfait : « Je ne suis pas plus troublé par le tumulte de la Cour, écrit-il lui-même, que si j'étais dans un désert [1]; » la pureté d'âme, à laquelle le Sauveur a promis, comme récompense, même sur cette terre, la vision de Dieu, c'est-à-dire l'esprit de prière.

[1] Lettre xx, édition Haton, Paris, 1875.

Sa nature elle-même le portait à l'oraison. Intelligence cultivée, cœur noble et sensible à la fois, jugement droit, il avait ces dons naturels qui disposent à la connaissance de la Divinité, pourvu qu'ils soient joints à une grande pureté d'âme, et surtout à cette profonde humilité, sans laquelle Dieu nous laisse infailliblement dans notre faiblesse d'origine.

Ajoutons que le Père connut spécialement la dévotion au Sacré Cœur; il en avait été instruit presque immédiatement par Jésus-Christ lui-même et par l'intermédiaire de la B. Marguerite-Marie. Il était pénétré de la vérité, énoncée plus tard par le P. de Galliffet, que « l'estime infinie du Cœur de Jésus était le fondement essentiel de sa dévotion[1]. »

Le P. de la Colombière connut donc la perfection chrétienne; il fit mieux, il la pratiqua. Deux vertus sont nécessaires pour détruire en nous la mauvaise nature, qui nous a été léguée par le péché de notre premier père: l'humilité qui abaisse notre intelligence devant la majesté de Dieu; la pénitence, qui réprime une volonté révoltée unie à un corps non moins rebelle. Notre vénéré Père posséda ces deux vertus dans un degré éminent.

II

L'humilité spécialement fut un des traits frappants de son caractère intime, mais surnaturel. Nous disons surnaturel; car la nature le portait, il l'avoue lui-même, à la vaine gloire; c'était là sa passion dominante,

[1] *Excellence de la dévotion au Sacré Cœur.*

mais qu'il sut bientôt maitriser, à l'exemple du grand apôtre des Indes, saint François-Xavier. Il aimait cet illustre enfant d'Ignace d'un amour particulier, et comme lui, il sut échanger une ambition terrestre contre une ambition céleste. Toujours dans la contemplation de ses misères, on le voit s'étonner que Dieu le supporte, « nonobstant son inutilité et les imperfections qu'il découvre tous les jours en lui[1]. » Quel cri d'humilité dans cette prière qu'il fait à Dieu : « Punissez-moi par les maladies, par les mépris ; employez en cela l'imprudence, la haine, l'ingratitude des hommes, pourvu que vous ne me livriez pas aux démons et que je ne tombe pas entre les mains de votre justice éternelle[2]. »

Non seulement il voyait ses misères, mais il éprouvait un véritable bonheur à les contempler, a les avouer : « J'ai aperçu, dit-il dans sa *Retraite*, avec un plaisir qui n'est assurément pas naturel, que je n'étais pas ce que je pensais, et je ne me ressouviens pas d'avoir jamais découvert aucune vérité avec autant de satisfaction que j'ai reconnu ma misère en cette rencontre. » — « Je ne goûte point de joie pareille, dit-il encore dans sa *Retraite* de 1677, à celle de découvrir en moi-même quelque nouvelle infirmité qui s'était cachée à moi jusqu'à cette heure. J'ai eu plusieurs fois ce plaisir dans cette retraite. »

Quel aveu ingénu, je dirais presque consolant pour tant d'âmes qui confondent l'impression avec la volonté dans cette phrase de la même *Retraite :* « Je me trouve misérable en un point que je ne puis dire. Mon ima-

1 Lettre LXXVI.
2 *Médit. sur la Passion.*

gination est folle et extravagante; toutes les passions ballottent mon cœur, et il ne se passe guère de jour que les unes après les autres n'y excitent tous leurs mouvements les plus déréglés. »

Jésus-Christ, nous le savons, l'avait nommé le frère de la bienheureuse Marguerite-Marie; il l'avait associé à son glorieux apostolat. L'humble religieux ne pouvait croire à cette faveur; son humilité la lui cachait, et, après avoir sollicité et obtenu les avis de Marguerite-Marie, il s'écriait : « Dieu soit béni éternellement qui daigne nous éclairer nous autres, pauvres aveugles, par les lumières des personnes qui communiquent plus intimement avec lui [1]. » Une preuve encore plus grande de sa profonde humilité est le vœu vraiment étonnant qu'il fit d'observer toutes les règles de la Compagnie de Jésus. Ceux qui connaissent les règles de cet institut ne feront pas difficulté d'avouer qu'il y a là un acte héroïque. Et de fait, peut-on pousser plus loin l'humilité qu'en faisant le vœu « de souhaiter d'être outragé, accablé de calomnies et d'injures, de passer pour insensé, sans cependant y donner occasion, et si Dieu n'y est point offensé. » — « Il me semble, ajoute le vénérable Père, que, pour cela, je n'ai qu'à demander à Dieu qu'il me conserve les sentiments qu'il m'a déjà donnés par sa miséricorde infinie [2]. » En vérité, c'est là non seulement la règle 11 des *Constitutions* de saint Ignace, mais encore le troisieme degré d'humilité de ses *Exercices spirituels*. Le vénérable Père a observé fidèlement ce vœu : « Ceux qui ont demeuré avec lui,

[1] Contemporaines. *Vie de la B. Marguerite-Marie.*
[2] *Retraite.*

dit un contemporain, et qui ont appris depuis sa mort ce qu'il avait voué, portent... témoignage qu'ils ne l'ont jamais vu se démentir de sa promesse dans la moindre chose[1]. » Cette tendance au plus haut degré de l'humilité lui était si chère que, pour l'acquérir, il ne reculait devant aucun effort. Ayant eu un mouvement involontaire de vaine complaisance, il voulut venger l'honneur de Dieu qu'il croyait atteint : « J'ai accepté, dit-il, avec une soumission entière la privation de ces sortes de biens (les consolations) pour toute ma vie, et d'être jusqu'à la mort comme la chouette et le jouet des démons et de toutes sortes de tentations[2]. »

Enfin nous trouvons une dernière preuve de son humilité dans sa pratique de la vertu, qu'abhorrait de son temps le janséniste orgueilleux, et dont l'absence dans notre siècle est un des plus grands maux de l'humanité, l'obéissance.

Le P. de la Colombière, parce qu'il était profondément humble, fut aussi un parfait obéissant. Comme le P. Balthasar Alvarez, il pouvait dire : « J'aime les accents de l'obéissance, ils réjouissent délicieusement mon cœur. » Il comprenait parfaitement la maxime du vénérable P. Louis du Pont : « Dieu ordonne tes desseins, quand l'obéissance les met en désordre. » A l'exemple de tous les saints, il voyait réellement Dieu dans ses supérieurs. Il écrivait à son Provincial à son retour d'Angleterre, alors que sa poitrine était épuisée : « Je crois qu'au travail de la prédication près, je pourrai faire dès maintenant tout ce dont vous me jugerez capable,

[1] Préface de ses œuvres.
[2] *Retraite.*

et si vous voulez même que je me hasarde à prêcher, je n'y sens nulle répugnance. Peut-être que je me flatte dans la pensée que cela pourrait m'incommoder ; je changerai d'opinion, dès que je verrai l'ordre de votre Révérence, et, quand il faudra obéir, j'espère qu'avec la grâce de Dieu rien ne me sera impossible [1]. » Son obéissance était d'une grande pureté d'intention. Dieu, rien que Dieu, mais Dieu dans ses promesses infaillibles, dans sa sagesse souveraine, dans sa lumière infinie, tel était le motif de sa soumission. Il se réjouissait, quand la raison humaine « ne voyait goutte » dans les ordres des supérieurs; alors, disait-il, « Dieu seul agissait [2] ».

Son obéissance était parfaite d'exécution, de volonté et même d'intelligence. Il blâmait sévèrement tout jugement, tout examen des ordres des supérieurs : « Il m'est arrivé quelquefois, écrivait-il, de sentir d'abord quelque opposition à leurs volontés; mais, dans la suite, j'ai toujours trouvé qu'ils avaient raison et que j'étais un ignorant [3]. » L'obéissance était pour lui la meilleure des marques qu'on pût avoir de l'esprit de Dieu dans une âme [4]; on sait que c'est par elle surtout qu'il distingua le bon esprit dans la bienheureuse Marguerite-Marie. Elle était enfin pour lui une source de paix, de lumière, de repos; il pouvait dire : « L'attache que j'ai eue à la pratiquer a fait tout le bonheur de ma vie; je lui dois toutes les grâces que j'ai jamais reçues de Dieu [5]. »

1 Lettre LX.
2 *Retraite.*
3 Lettre XXI.
4 Lettre C.
5 Lettre C.

III

L'humilité et l'obéissance avaient détruit, dans le cœur du vénérable Père, l'orgueil, cette grande plaie de l'humanité ; la pénitence vint y détruire le règne des sens. Véritable participation de la justice vindicative de Dieu, la pénitence frappe, blesse à mort, pour mieux préparer les voies à la résurrection. Mais avant la pénitence, et comme pour lui préparer le terrain, les trois vœux de religion font mourir l'âme à la triple concupiscence, tout en la faisant marcher plus tard dans le chemin de la perfection. Nous avons déjà parlé de l'obéissance du P. de la Colombière ; son esprit de pauvreté et sa chasteté, ces deux grands ennemis de l'amour des richesses et des plaisirs ne furent pas moins admirables.

Le P. Claude fut un véritable pauvre de Jésus-Christ ; il aima la pauvreté qui chasse au loin les richesses, vraies épines, selon Jésus-Christ, vrais filets, selon saint Paul, véritable esclavage, selon tous les saints. On sait comment une phrase mystérieuse de la bienheureuse Marguerite-Marie lui fit abandonner une pension qui lui semblait blesser la délicatesse de la pauvreté. Il pratiqua cette vertu non seulement par l'affection, mais encore effectivement : « Que me sert-il d'avoir fait un vœu d'être pauvre, disait-il, si je crains de manquer de quelque chose [1] ? » En méditant sur la tentation de Jésus-Christ au désert, il s'était promis de fuir toute sorte de délicatesse au manger, aux

[1] Lettre XIX.

habits, etc., de ne se plaindre jamais de rien, et de faire tous ses voyages à pied, autant qu'il serait possible.

Il fut d'une pureté angélique, « un lis planté dans une terre vierge[1]. » A l'exemple de saint Louis de Gonzague, qui avait passé deux ans à la cour de Madrid, sans jeter les yeux sur la reine, il passa deux ans à Londres sans regarder la duchesse d'York, devant laquelle il prêchait continuellement.

Mais pour détruire en lui la nature, le vénérable Père ne se contenta pas d'observer fidèlement les trois vœux de religion ; il aima la pénitence, la croix, et en fut l'heureuse victime. L'amour de la croix et la pratique de la pénitence apparurent d'abord dans sa conduite générale et son renoncement absolu à tout ce qui pouvait lui apporter une consolation naturelle et même surnaturelle, en dehors de la volonté de Dieu. Pénétré de la grandeur divine et du néant de l'homme, il se regardait comme son plus grand ennemi. La haine, le mépris de lui-même étaient une de ses idées les plus habituelles, un des sentiments les plus enracinés de son cœur. Comme saint Ignace le recommande à ses enfants, il cherchait toujours une mortification continuelle ; dans sa *Retraite*[2], il avait pris les résolutions les plus parfaites et les plus précises pour mener une vie vraiment mortifiée. Ses biographes nous le montrent partout, en Angleterre, à Paray, à Lyon, menant la vie la plus austère. Rappelons enfin son vœu sublime, dont l'observation suppose sûrement un esprit et un cœur d'un détachement parfait.

[1] Bienheureuse Marguerite-Marie. *Litanies.*
[2] Voir *Circoncision, Jésus-Christ au désert.*

Le vénérable Père avait cet esprit intérieur de pénitence qui unit l'âme à Jésus-Christ dans une communauté de tristesses et de douleurs. La vue de cet univers, royaume de Dieu par ses destinées, et devenu par sa déchéance le royaume de Satan, « prince de ce monde[1] », le remplissait d'amertume. Ses sentiments de compassion et de douleur se firent jour surtout en Angleterre. Cette ancienne île des saints qu'il voyait devenue la proie de l'hérésie, et méconnaissant le Dieu de l'Eucharistie le remplissait de tristesse. Devant la duchesse d'York[2], il s'écriait : « Depuis que la Providence m'a conduit dans ce royaume, je ne pense jamais au grand nombre d'âmes qui y périssent, sans avoir le cœur percé de douleur. » Il aurait voulu mille fois donner sa vie, son sang, pour consoler le Cœur de son Dieu. Ce grand Dieu l'exauça en l'associant de différentes manières à la passion de son fils.

Son caractère même, en quelque sorte, le prédestinait à la souffrance. Cœur sensible, imagination vive, organisme délicat, il sentait vivement les mille contrariétés de la vie. Il avoue lui-même que « les prisons, les maladies continuelles, la mort même, tout cela lui parut doux en comparaison de cette guerre éternelle qu'il se faut faire à soi-même, de cette vigilance contre les surprises du monde et de l'amour-propre, de cette vie morte au milieu du monde[3] ». Dans un aveu même assez extraordinaire, et qui montre la variété des allures de la grâce, il nous apprend

1 Joan., XII, 31.
2 Sermon de la Passion.
3 *Retraite*.

« qu'il avait une horrible aversion de la vie à laquelle il s'était engagé, lorsqu'il se fit religieux [1] ».

Enfin, par une disposition de la Providence, quelques grâces de choix l'unirent plus intimement aux souffrances du divin Maître. Il eut d'abord la grâce et la béatitude de la persécution ; béatitude étrange mais réelle, avec laquelle Dieu continue cette folie du Calvaire, plus sage que toute la sagesse humaine. Dans sa grande retraite, il avait eu, le jour de saint François-Xavier, comme un pressentiment de ce qui l'attendait : « Il me semblait me voir, disait-il, couvert de fers, de chaînes, et trainé dans une prison, accusé, condamné parce que j'avais prêché Jésus crucifié et déshonoré par les pécheurs. » Au commencement de cette même retraite, il avait encore cette pensée vraiment prophétique : « Une prison perpétuelle où une calomnie m'aurait jeté, me semblerait une fortune incomparable. » La bienheureuse Marguerite à son tour l'avait averti [2] de se préparer à de nouvelles épreuves en Angleterre. Jésus avait voulu qu'à son entrée dans le monde, son berceau fut comme rougi du sang des petits Innocents ; il voulut encore que les prémices de la dévotion au Sacré Cœur fussent consacrées par les souffrances de son premier apôtre. L'Angleterre, « ce pays des croix, » comme l'appelait notre vénéré Père, fut, en effet, la première contrée, où il prêcha publiquement la dévotion au Sacré Cœur [3].

Les historiens de l'époque nous racontent ses souf-

[1] Lettre XCIII.
[2] Contemporaines.
[3] Dalgairns. *De la dévotion au Sacré Cœur de Jésus.*

frances; attaques de faux frères, calomnies, persécutions, prisons, il eut tout à supporter, et fut enfin exilé hors du royaume[1]. Toutes ces souffrances extérieures n'étaient rien vis-à-vis des intérieures. Deux ans auparavant, il avait quitté la solitude de Paray et celle qui lui avait fait connaître le Cœur de Jésus ; il l'avait quittée pour un pays inconnu, hérétique; et maintenant qu'il avait semé dans les larmes, la moisson lui échappait; derrière lui cinq de ses frères étaient prêts à subir le martyre; tant d'âmes, qu'il avait élevées jusqu'à Dieu, se trouvaient abandonnées, sans pasteur, et toute une nation était jetée en pâture aux ennemis de notre foi. Elle avait donc raison la bienheureuse Marguerite-Marie de l'appeler dans ses litanies « glorieux martyr de volonté »; et, lui-même, au milieu de sa grande douleur, goûtait le bonheur de souffrir pour Jésus-Christ, tout en trouvant moyen de s'humilier : « Je ne me suis jamais trouvé si heureux, écrivait-il, qu'au milieu de cette tempête;... j'ai regretté d'en sortir et... je suis tout prêt de m'y rengager. J'étais indigne d'un plus grand bonheur, et je suis tout confus, quand je fais réflexion que Notre-Seigneur a été obligé de me retirer de sa vigne, pour n'avoir pas trouvé en moi la ferveur et la fidélité qu'il demande de ses ouvriers[2]. » Il est à remarquer que la sentence portée par les lords commissaires contre le Père ne parle que de ses travaux apostoliques, et nullement de délit purement politique :

[1] Lettre LVIII, à un religieux de la Compagnie.

[2] Let. LVIII. Il était arrivé en Angleterre le 13 octobre 1676, le jour de la fête de saint Édouard; c'était un vrai gage d'espérance pour l'avenir : le saint roi, le saint prêtre, et surtout le Cœur de Jésus uniront leurs prières et ramèneront la beauté des anciens jours.

aux yeux même des protestants, devenus ses juges, il était exilé uniquement pour la foi catholique.

Le vénérable Père a porté une autre croix peut-être aussi lourde, surtout pour un cœur apostolique comme le sien, celle de la maladie. Nous l'avouons en toute sincérité, un des spectacles qui nous émeuvent le plus est celui de la maladie s'attachant au religieux, au prêtre, à l'apôtre, surtout à la fleur de l'âge. Quand nous entrons dans une de ces demeures de la douleur, où nous rencontrons une pauvre créature humaine clouée sur un lit de souffrance et ne pouvant glorifier Dieu que par le cri de sa résignation, nous éprouvons comme un sentiment de respect. C'est bien là une image de Jésus-Christ sauvant le monde plus par la croix que par l'action, plus par le silence de Bethléem, les travaux obscurs de Nazareth et surtout les humiliations et les tortures du Calvaire que par l'éloquence cependant si populaire, si admirable de ses enseignements.

La maladie a donc été le partage du vénérable Père, et cette croix a coïncidé pour le temps, avec sa connaissance de la dévotion au Sacré Cœur. On dirait que Notre-Seigneur n'a voulu accorder ce glorieux et fécond apostolat du Sacré Cœur qu'à une sainte religieuse et à un saint prêtre vivant habituellement sur le Calvaire.

Notre vénéré Père, avant sa maladie, s'était très peu occupé de sa santé; nous lisons dans la préface de ses ouvrages : « Nul soin de ménager ses forces et sa santé. Il se laissait nourrir à l'anglaise, quoi qu'il y eût une grande répugnance, et qu'il en souffrît beaucoup. Il n'eut pour lit qu'un matelas qu'il faisait étendre au milieu de sa chambre, quand il voulait se coucher. Il ne permit jamais qu'on lui fit un feu particulier[1]. » Ce sont les paroles d'un contemporain parlant de son séjour en Angleterre ; il y contracta une violente maladie de poitrine, « un endroit par où je me croyais imprenable », disait le Père lui-même[2]. Bientôt la maladie s'aggrava, les crachements de sang se succédèrent, il fallut bien céder à la nécessité et cesser tout ministère; mais jusqu'à la fin de ses jours, et dans ses plus grandes infirmités, il savait, nous disent ses historiens, se mortifier, fuir ses aises, augmenter en quelque sorte ses souffrances. Plus grande encore est sa soumission intérieure. Il écrivait de Lyon, le 23 novembre 1679 : « Notre-Seigneur m'enseigne depuis quelques jours à lui faire un sacrifice encore plus grand, qui est d'être résolu à ne rien faire du tout, si c'est sa volonté, à mourir au premier jour et éteindre par la mort le zèle et les grands désirs que j'ai de travailler à la sanctification des âmes ; ou bien de traîner en silence une vie infirme et languissante, n'étant plus qu'une charge inutile dans toutes les maisons où je me trouverai. »

Le Père fait plus que se résigner, il se réjouit de se voir dans un état qui plait à Dieu ; il en tire des leçons d'humilité. « J'ai compris, dit-il, que Dieu ne voulait plus se servir de moi, et que j'étais indigne d'être employé à la conduite des âmes[3]. » — Et dans une autre

[1] Dans une de ses Lettres (LXXIII) il remarque que le feu produit par certain charbon de pierre engendrait des maladies de poitrine.
[2] Lettre LXXIII.
[3] Lettre LXIII.

lettre : « Dieu pourrait bien me renvoyer la santé, pour me punir du mauvais usage que je fais de la maladie [1]. » Cette maladie est à ses yeux « comme une des plus grandes miséricordes que Dieu ait exercées sur lui [2] ». — « Il admirait combien d'avantages temporels et spirituels lui sont venus par cette maladie [3]. » Même la mort n'eut jamais pour lui que des attraits : ce lui était un plaisir singulier de considérer « jusqu'à quel point elle nous humilie [4] ». Ajoutons un mot charmant de la B. Marguerite-Marie, après une double entrevue avec son saint directeur : « Je l'ai vu deux fois, écrivait-elle, il a bien de la peine à parler ; Dieu fait ainsi pour avoir plus de plaisir et de loisir pour parler à son cœur [5]. » Peut-être est-ce encore elle-même dont parle le Père dans ces paroles : « Notre-Seigneur lui avait dit que si je me portais bien, je le glorifierais par mon zèle, mais qu'étant malade, il se glorifierait en moi [6]. »

Le vénérable Père avait donc un cœur humble et pénitent. Il mourut épuisé par ses travaux et par la maladie, à l'âge de 41 ans. Dieu avait exaucé ses plus chers désirs ; le Père, en effet, lui disait le jour de Noël 1673 : « Je ne croirai point que vous m'aimez, que vous ne m'ayez fait souffrir et beaucoup et longtemps [7]. »

[1] Lettre CXXXVIII.
[2] Lettre XLIII.
[3] Lettre LXXIV.
[4] L'éditeur de ses œuvres.
[5] Lettre XIII.
[6] Lettre CXXXVIII.
[7] *Retraite.*

CHAPITRE IV

VERTUS DU V. P. DE LA COLOMBIÈRE

— Suite —

Les belles vertus d'humilité, de pénitence, et les trois vœux de religion, que nous venons de considreré, ont pour but premier de faire mourir la nature Mais il est d'autres vertus, dont le propre, en nous rattachant à Dieu, est d'assurer plus complètement la vie de la grâce dans nos âmes. Déjà nous avons parlé de la foi et de la prière ; la foi est la base, la lumière, la prière est l'arme de la perfection. Dans ce chapitre, nous verrons combien l'espérance et la charité furent éminentes dans le V. Père.

I

L'espérance est nécessaire à la vie de sainteté comme à la vie apostolique. Le P. de la Colombière n'eut garde de manquer à cette admirable vertu. L'humilité vraie et sincère qui l'animait, a pour compagne fidèle l'espérance. Le vénérable Père était toujours dans la paix la plus profonde, l'abandon le plus total à son Dieu. Désolations, contrariétés, changements d'emplois ou de demeure, pauvreté effective, maladies, tentations, rien n'y faisait. On le vit récitant paisiblement son bréviaire, au moment où on allait le juger. Dieu et Dieu seul lui suffisait; il trouvait « Dieu en Angleterre » comme en France, écrivait-il à sa sœur. L'espérance était ancrée dans son cœur : « On m'arrachera plutôt la vie que ce sentiment, » disait-il dans sa *Retraite* [1]. Ses écrits, ses sermons, ses lettres respirent la confiance, l'exigent de toutes les personnes qu'il dirige, montrant aux pécheurs, même dans leurs misères, si elles sont accompagnées d'espérance, le vrai moyen de glorifier un des plus beaux attributs de la Divinité, sa miséricorde [2]. Comme tous les saints, de ses fautes même il dressait un trône à la bonté divine. Parlant de ses péchés : « J'en ferai comme un bloc, disait-il, que je jetterai aux pieds de notre Sauveur, pour être consumé par le feu de sa miséricorde. Plus le nombre en sera grand, plus ils me paraîtront énormes, d'autant plus volontiers les lui offrirai-je à consumer, parce que ce que je lui demanderai sera d'autant plus digne d'elle... Je ferais tort à la miséricorde de Dieu de craindre l'enfer le moins du monde, quand je l'aurais mérité plus que tous les démons [3]. » Cette belle vertu d'espérance est admirablement expliquée dans ce sermon sur la prière, où, prédicateur vraiment chrétien, il nous apprend à demander moins ou à demander davantage, moins de petites choses selon Dieu, et les grandes avec plus de ferveur.

[1] Méditation sur le péché.
[2] Lettre LXXXIX.
[3] *Retraite*, médit. sur la mort.

II

Avec l'espérance, Notre-Seigneur demande encore plus la charité à tous les siens, et ses appels sont comme des flèches acérées, « *sagittæ tuæ acutæ* [1] », qui percent le cœur des fils d'Adam. Heureuses les victimes de ce divin amour ! Le P. de la Colombière fut une de ces victimes ; tous ses biographes, même les plus concis, avouent que l'amour de Dieu l'embrasait. On peut dire qu'avec l'humilité ce divin amour était le fond de son caractère surnaturel. Notre vénérable Père a aimé Dieu de tout son cœur, et le prochain comme lui-même.

Il a aimé Dieu, tout ce que nous avons dit jusqu'ici le prouve avec la dernière évidence. Cette profonde humilité, cette rigoureuse pénitence, ce détachement sublime, toutes ces vertus surhumaines peuvent-elles subsister longtemps, habituellement, sans le secours de la charité? Nous ne le pensons pas; dans sa vie morale, l'homme est dirigé principalement par le cœur. Les deux cités de Dieu et de la terre, dont la lutte perpétuelle constitue l'histoire, ont toutes deux leur amour, bien que différent.

Le P. de la Colombière eut cette vie intérieure d'amour, qui se détache de tout, pour ne plus penser qu'à Dieu. On sait qu'à Londres, il ne voulut rien voir des merveilles de cette grande cité, et qu'il sacrifia, par un vœu formel, sa passion innocente pour la musique, la trouvant trop naturelle. Son intérieur était une

[1] Ps. 44.

louange perpétuelle en l'honneur de la Divinité. L'oraison lui découvrait sans cesse, dans ce Dieu si aimant, de nouvelles sources de grandeur, de lumière, de beauté. Son premier sermon sur l'Ascension est un des plus beaux portraits de Jésus-Christ qu'on puisse rencontrer. L'amour divin était en lui d'une pureté, d'une délicatesse infinies : « Si je savais, écrivait-il, qu'à l'avenir il dût y avoir en moi un seul atôme qui vécût pour le monde et non purement pour Dieu, j'aimerais mieux mille fois être mort[1]. » Dans ce serviteur du Cœur de Jésus éclatait surtout un sentiment tout à fait conforme à l'esprit de Dieu, celui de la reconnaissance; et ce sentiment débordait dans son âme : sa seule retraite en fait foi.

L'admirable Eucharistie et la sainte messe étaient pour lui une source perpétuelle de consolations. Il offrait le saint sacrifice, et sûrement avec une grande ferveur, quand la Bienheureuse vit son propre cœur et celui de son Père vénéré s'unir et s'abîmer dans le cœur de Jésus : « J'y ai reçu (à la messe), dit-il, de si grandes grâces, et j'ai ressenti si sensiblement les effets de ce pain des anges, que je ne saurais y penser sans être en même temps touché d'une très grande gratitude... Je dirai la messe tous les jours ; voilà mon espérance, voilà mon unique ressource[2]. » Il aimait aussi avec une tendresse filiale la très sainte Mère de Dieu qu'il a si bien louée dans ses sermons. Une de ses résolutions fut de ne jamais rien demander à Dieu, « sans employer l'intercession de Marie[3] ».

1 Lettre LXXV.
2 *Retraite.*
3 *Retraite.*

L'amour de Dieu l'amena à cet état d'âme que l'ascétisme chrétien regarde comme le plus haut degré de la perfection, la parfaite conformité de la volonté avec celle de Dieu, réalisation de la céleste demande de l'oraison dominicale « *fiat voluntas tua sicut in cœlo et in terra* ». — « Tous les emplois, disait-il, tous les lieux, tous les états, où le corps peut se rencontrer, sain, malade, perclus, vif, mort, me sont, par la grâce de Dieu, très indifférents [1]. » — « Je n'aurai nulle peine à me séparer réellement de toutes choses, de sorte que je passasse le reste de mes jours dans un tombeau ou dans une prison, avec toutes les incommodités et toute l'infamie possibles [2]. » — « Je me suis surtout résigné à me sanctifier par la voie qu'il plaira à Dieu, par la soustraction de toute douceur sensible, s'il le veut ainsi, par les peines intérieures, par le combat continuel contre mes passions.... Ce chemin est le plus sûr, le moins sujet aux illusions, le plus court, pour acquérir une parfaite pureté de cœur, un très grand amour de Dieu et de très grands mérites [3]. »

Aussi l'éloquent évêque de Poitiers, prêchant le 21 juin 1875, qui fut le deuxième centenaire de la consécration du P. de la Colombière au Sacré Cœur, lui appliqua-t-il ce texte de l'Écriture : « *Inveni virum secundum cor meum, qui faciet omnes voluntates meas* [4]. » Le vénérable Père, en faisant la volonté de Dieu, était donc, au dire de l'Esprit-Saint, selon le cœur

[1] *Retraite.*

[2] *Ibid.*

[3] *Ibid.*

[4] Act. XIII. 22. « J'ai trouvé un homme selon mon cœur, qui fera toutes mes volontés. »

de ce même Dieu, et, par là même, selon toutes les lois de la divine charité. Ce grand Dieu lui communiquait quelquefois les douceurs sensibles de cet amour divin qui l'embrasait. Nous trouvons des traces de ces saintes délices et peut-être même d'une oraison plus élevée que la contemplation ordinaire dans ces paroles de la *Retraite* de Londres : « Voici des mots qui ne se présentent jamais à mon esprit, que la lumière, la paix, la liberté, la douceur et l'amour n'y entrent en même temps : simplicité, confiance, humilité, délaissement entier, nulle réserve, volonté de Dieu, mes règles. » C'est vraiment l'*otium contemplativum* de saint Alphonse de Liguori, où l'âme humaine, sans travail pénible, mais rapidement et surtout suavement, connaît et goûte les mystères de notre foi. Saint Alphonse dit encore que, dans un autre état d'oraison appelé *purgatio spiritualis*, Dieu apparaît dans une terrible majesté à l'âme qu'il veut ainsi dépouiller de ses affections humaines : « *Illi repræsentatur venerabilis et terribilis*[1]. » N'était-ce pas souvent l'état spirituel du P. de la Colombière? Lisez seulement la fin de sa grande *Retraite* : vous serez saisi par la description qu'il fait de la divine Majesté, et presque épouvanté, si, devant ce Dieu que Daniel appelle « *magne et terribilis*[2] », le vénéré Père ne faisait apparaître sa miséricorde encore plus ineffable.

Terminons ce tableau de sa charité par les paroles que nous trouvons dans la deuxième semaine de sa *Retraite*, avant son vœu sur les règles : « Soyez

1 « Dieu lui apparaît vénérable et terrible. » *Praxis confess.*
2 « Dieu grand et terrible. » Daniel, IX, 4.

donc, aimable Jésus, mon père, mon ami, mon maître, mon tout; puisque vous voulez bien être content de mon cœur, ne serait-il pas déraisonnable s'il n'était pas content du vôtre! Je ne veux donc désormais vivre que pour vous, et vivre longtemps, si c'est votre bon plaisir, pour souffrir davantage. Je ne demande point la mort qui abrégerait mes misères. Ce n'est pas votre volonté que je meure à la même année que vous; soyez-en béni, mais du moins il me semble qu'il y a de la justice que je commence de vivre à vous et pour vous, en l'année que vous êtes mort pour les hommes et pour moi en particulier qui me suis souvent rendu indigne d'une si grande grâce. »

Disons-le sans crainte, le Père était bien « victime de l'amour de Dieu [1] ».

III

L'amour de Dieu ne peut pas exister sans l'amour des hommes, qui sont ses images et bien souvent ses enfants. Le P. de la Colombière eut cet amour; il y révéla la délicatesse, j'oserais presque dire la tendresse de son cœur. Sans doute, Dieu était à la base et au sommet de toutes ses affections; son amour primait tout, réglait et dominait tout autre sentiment. Mais, cette réserve faite, le Père, formé à l'école de Jésus-Christ, fut, à l'égard de tous, l'homme aimable, gracieux, compatissant. Il était heureux des vertus de ses frères, de leurs succès, détournant la vue de leurs défauts, et les

[1] B. Marguerite-Marie. *Litanies.*

fixant sur leurs qualités : « Je m'humilie, s'écrie-t-il, et me confonds, en me comparant à eux. Il n'en est pas en qui je ne trouve quelque chose d'excellent, que je n'ai pas. Il se peut faire qu'ils aient des défauts ; mais la plupart sont involontaires, et un pécheur comme moi les doit à peine remarquer [1]. » — « Une personne vraiment humble, dit-il encore, n'aperçoit rien en soi que ses défauts, et n'aperçoit point ceux d'autrui. Quelle triste occupation, ô mon Dieu, de s'amuser à examiner la vie des autres. Plutôt être aveugle et sans jugement que de s'en servir, pour considérer et juger les actions du prochain [2]. »

A la charité surnaturelle il ajoutait une politesse exquise et l'éducation du grand siècle. Aussi, dit le premier de ses historiens, « il savait plaire quand la bienséance lui permettait d'être agréable ». Sa charité allait jusqu'à la tendresse, disposition qui, dans sa naïveté, ne peut se trouver que dans les âmes les plus pures. Ne croirait-on pas entendre saint François de Sales dans ces paroles de sa *Retraite :* « Mais, mes amis, ... mon Dieu, seul bon, seul aimable, faut-il vous les sacrifier? Puisque vous me voulez tout à vous, je le ferai ce sacrifice,.... et je le fais de bon cœur, puisque vous me défendez de donner une part de mon amitié à aucune créature. Agréez-le ce sacrifice si rude, mais en échange, mon divin Sauveur, soyez leur ami ; je vous ferai ressouvenir d'eux tous les jours dans mes prières, et de ce que vous leur devez en me promettant de vous substituer à ma place. » Quelle délicatesse et

[1] *Retraite.*
[2] Lettre CI.

quelle pureté de sentiments tout à la fois! Dans ces paroles, le vrai enfant d'Adam apparaît, mais l'enfant d'Adam surnaturalisé, avec ce cœur, où Dieu a placé « la bonté comme le propre caractère de la nature divine ». Ces paroles, disons-nous, rappellent saint François de Sales, nous pourrions dire aussi saint François-Xavier, dont le cœur héroïque s'attendrissait dans ses *Lettres*, au souvenir de ses frères de Rome et surtout de son bienheureux Père, saint Ignace.

L'amour du prochain peut se révéler encore plus haut que dans les relations sociales et habituelles de tous les jours; et quand il vise directement au salut des âmes, il prend le beau nom de zèle. Le zèle n'est que la charité portée au plus haut degré, puisque imitant Dieu, la charité substantielle et incréée, il n'a d'autre but que la divine gloire et le salut des âmes. Ce zèle n'a pas manqué au P. de la Colombière, il anima toute sa vie de religieux et de prêtre. C'est bien lui qui avait compris le rôle d'ici-bas de l'enfant de saint Ignace. En méditant, dans sa *Retraite*, sur la mission des apôtres, il s'écrie : « Quelque part que se trouve un jésuite, en quelque compagnie qu'il soit, il y est comme envoyé de Dieu pour traiter l'affaire du salut de ceux avec qui il se rencontre; et que s'il n'en parle, s'il ne profite pas de toutes les occasions pour l'avancer, il trahit son ministère et se rend indigne du nom qu'il porte. » Ses actions répondirent à ses lumières : en Angleterre surtout il ne ménagea ni son temps ni ses forces. Il aimait cette nation d'un amour de prédilection; dans son sermon du troisième dimanche de l'Avent, il en fait le plus magnifique éloge [1], tout en poussant le cri de détresse sur la perte de sa foi. « Celui qui écrira ses actions, dit son contemporain, ne sera pas en peine de soutenir son ouvrage par de grandes choses, s'il raconte les effets de son zèle, de sa prudence et de sa piété, s'il parle des apostats qu'il a ramenés à l'église, des catholiques qu'il a tirés du grand monde, des impies qu'il a touchés, qu'il a convaincus par ses discours pleins de force et de sagesse. Ce qu'il a entrepris, le succès de son entreprise, toute la suite de son ministère fournira une belle matière à son historien. » Voilà ce qu'on disait de lui trois ans après sa mort; et la bienheureuse Marguerite-Marie, dans ses *Litanies*, multipliait les expressions de louange, pour redire ses vertus apostoliques. Elle le proclame *prédicateur de la pénitence*, *voix d'apôtre*, *semence de l'Évangile*, *flambeau du monde*, *bouclier de la foi*, *marteau des hérétiques*, *tout à Dieu et au salut du prochain;* sa langue a été *l'organe du Saint-Esprit*, son éloquence *a publié les grandeurs de Dieu*, il a *attiré les pécheurs*, *converti les hérétiques*, il a *souffert des calomnies et la prison pour la foi de Jésus*, et *souvent exposé sa vie pour la conversion des hérétiques*.

Le zèle du Père alla si loin qu'il abandonna toutes ses œuvres satisfactoires aux âmes du Purgatoire, et même les suffrages qu'on ferait pour lui après sa mort. A la fin de sa vie, il pouvait donc bien dire ce qu'il avait déjà exprimé dans sa Retraite [2]: « La santé et la

[1] Nous aimons à redire avec lui qu'on appelait l'Angleterre « la dot de Marie ».

[2] Mission des Apôtres.

vie me sont pour le moins indifférentes ; mais la maladie et la mort, lorsqu'elles m'arriveront pour avoir travaillé au salut des âmes, me seront très agréables et très précieuses. »

Il est rapporté dans la vie du vénérable P. Louis du Pont, de la Compagnie de Jésus, qu'une de ses filles spirituelles, Marine d'Escobar, vit, dans une révélation, son Père prêchant à une multitude immense d'auditeurs. Et comme elle s'étonnait d'une pareille vision, sachant bien que le Père, vu le déplorable état de sa santé, ne pouvait pas prêcher, Notre-Seigneur lui fit comprendre que ces auditeurs représentaient les innombrables lecteurs que, dans le cours des siècles, ses ouvrages devaient sanctifier. Ne pouvons-nous pas avoir la même pensée sur notre vénérable P. de la Colombière? Il a prêché sans doute, et avec succès, mais principalement dans l'intérieur d'un palais de l'Angleterre. Son zèle certainement a produit de grands fruits pendant sa vie ; mais combien plus après sa mort! Directeur de la bienheureuse Marguerite-Marie, premier apôtre du Sacré Cœur, il prêche et prêchera toujours, et sa prédication atteint tout l'univers catholique et ne cessera jamais.

Concluons. Le V. Père ayant bien parlé de son Maître, bien travaillé pour sa gloire, comme ses vertus le témoignent, ce bon Maitre dut lui conserver le titre de son serviteur, à l'heure de la mort ; bien mieux il dut le nommer, comme Marguerite-Marie, le disciple de son Cœur. Nous allons le montrer de plus en plus dans un dernier chapitre, et en même temps, donner des espérances de sa béatification.

CHAPITRE V

RESSEMBLANCE DU VÉNÉRABLE P. DE LA COLOMBIÈRE AVEC LA BIENHEUREUSE MARGUERITE-MARIE ESPÉRANCES DE SA BÉATIFICATION

Dans les chapitres précédents, nous avons voulu faire connaitre l'apôtre du Sacré Cœur et ses vertus, exciter les âmes fidèles à son imitation, à son culte privé; heureux si nous pouvions avancer ainsi l'heure bénie de sa béatification.

I

Pour achever le portrait et faire briller cette belle physionomie de saint, nous pouvons trouver en lui dans son genre de vertu, quelques traits de ressemblance avec la bienheureuse Marguerite-Marie. Etant frère et sœur dans les desseins de Dieu, ayant le même but de leur vie, ils devaient avoir des aspirations communes et un amour semblable envers le divin Cœur. Les mêmes causes produisent les mêmes effets, et les mêmes effets supposent des causes identiques. Ne citons pour preuve qu'un de ces traits de ressemblance, avec réserve cependant, et tout en ne voulant donner à notre opinion qu'une certaine probabilité.

Un des caractères les plus frappants de l'état surnaturel de la Bienheureuse fut sans contredit cette impression habituelle qu'elle avait de la sainteté de justice et de la sainteté d'amour de son Dieu. Jésus-Christ, comme elle le dit elle-même, « fut tour à tour sa consolation et son supplice[1] ». Et remarquons-le bien, cette impression de justice et d'amour rappelle les deux grands éléments de la dévotion au Sacré Cœur, la pénitence réparatrice et la charité. « Où voulez-vous que j'aille, divine justice, s'écriait-elle quelquefois, puisque vous m'accompagnez partout[2]? » Cette terrible sainteté de Dieu la suivit jusque dans les bras de la mort; la vue de la justice l'aurait précipitée mille fois en enfer, plutôt que de paraître devant elle avec un seul péché; la vue de l'amour lui donnait un dégoût profond de tout ce qui n'était pas Dieu. Vous eussiez dit vraiment et souvent une âme du Purgatoire égarée dans notre vallée de larmes, et, soit dans la joie, soit dans la tristesse, demandant à Dieu le repos éternel, « *requiem æternam* ».

Sans doute le vénérable P. de la Colombière n'eut pas ces impressions aussi fortes. Dieu, au moins d'ordinaire, ne traite pas ses prêtres qui ont à agir, à se dépenser, comme ces heureuses victimes du cloître destinées à détourner ses vengeances. Les croix, les souffrances des prêtres sont ailleurs : en eux, il y a la générosité et les épreuves du soldat qui ont aussi leur mérite et leur gloire devant Dieu. Mais ne trouve-t-on pas dans le Père, à un certain degré, cette impression

[1] P. Daniel, *Vie de la B. Marguerite-Marie*, ch. XVI.
[2] Contemporaines.

de la sainteté de justice? La délicatesse de conscience, la crainte si forte du péché et même de l'imperfection, la profonde humilité, la parfaite obéissance, la présence continuelle de Dieu, toutes ces vertus indiquent un homme pénétré habituellement du haut domaine de Dieu sur ses créatures. Ajoutez encore, avec une complexion délicate et impressionnable, l'analyse incessante de ses pensées, de ses affections, l'oubli complet de lui-même, la vue claire, pénétrante de son néant et des illusions qui se rencontrent jusque dans le zèle ; en un mot, toute la vie du vénérable Père dénote en lui une impression profonde de la grandeur incommensurable de Dieu, et de la petitesse, ce n'est pas assez dire, de la perversité native de l'homme déchu.

Quant à la sainteté d'amour, le Père la ressentait encore davantage; nous l'avons assez démontré; il serait fastidieux de nous répéter. Pensées, paroles, actions, souffrances, écrits, tout dans le vénérable Père proclame son ardente charité, et de tous ses actes on pouvait dire : « *Ego vox* [1] » « Je suis une voix qui proclame les attributs de Dieu, mais surtout son amour. »

II

Après cette vue générale des vertus du vénérable Père, il nous est permis de concevoir de grandes espérances sur sa béatification. Déjà, le 8 janvier 1880, le pape Léon XIII a signé le décret qui nommait la commission pour l'introduction de la cause du serviteur de

[1] Joan. I, 23.

Dieu, le *vénérable* P. Claude de la Colombière. Ce décret lui donne rang parmi les *vénérables;* pour le signer, le Souverain Pontife a dérogé à certaines clauses ou formalités qui auraient pu arrêter la marche du procès. On eût dit que Notre-Seigneur voulait donner aux frères du P. de la Colombière et spécialement à l'Assistance de France une consolation pour les préparer à de nouvelles épreuves : environ deux mois après, les Pères de la Compagnie de Jésus, en France, étaient dispersés et chassés de leurs maisons, dans un siècle qui ose bien s'intituler le siècle des lumières et de la liberté.

En 1883, le procès *de la renommée de la sainteté, des vertus et des miracles en général du P. Claude de la Colombière,* avait été instruit à Autun. Cette année même, la Sacrée Congrégation des Rites en a reconnu la validité. Ainsi, il existe du côté de Rome de sérieuses espérances; au ciel aussi notre cause a des protecteurs. La bienheureuse Marguerite-Marie, comme le dit le P. Ramière, dans son *Appel*, a un motif de reconnaissance et même de justice pour hâter la béatification du P. de la Colombière. Sa reconnaissance n'est-elle pas acquise pour toujours à celui qui a été son directeur, son consolateur, son aide le plus constant et le plus fidèle. De plus? Notre-Seigneur a établi entre elle et le Père une parfaite *communauté de biens spirituels :* « Il voulait, disait-il, que nous fussions également partagés de biens spirituels. » La Bienheureuse, si obéissante à Jésus-Christ, a rempli ce pacte divin pendant toute sa vie ; elle n'a pas cessé de partager ses biens spirituels avec son Père, même pendant les huit ans qu'elle lui survécut. Dans le ciel, où la charité est encore plus grande, pourrait-elle oublier celui que Notre-Seigneur lui a donné pour frère et pour Père? Non certainement, d'autant plus que cette union, Jésus l'a dit, a été faite « pour toujours ». Elles prient aussi pour cette béatification les saintes contemporaines de la Bienheureuse dont les paroles, que nous avons déjà rapportées, sont comme une espèce de prophétie, tout au moins un grand motif d'espérance.

Pouvons nous rester indifférents ou même simplement inactifs devant les désirs de la bienheureuse Marguerite-Marie et de ses saintes compagnes? Loin de nous une pareille négligence ; nous tous, serviteurs et amis du Cœur de Jésus, nous devons coopérer à une œuvre si belle. Les miracles s'obtiennent presque autant par la foi de ceux qui les reçoivent que par la puissance de ceux qui les opèrent; témoin les miracles de l'Évangile. Plus un peuple a la foi pure, intacte, vivace, plus aussi il a des saints canonisés ou béatifiés; c'est un fait mathématiquement vrai.

Procurons donc au vénérable P. de la Colombière et à la bienheureuse Marguerite-Marie une nouvelle gloire. Cette béatification, dit le cardinal Pie, sera [1] « un complément merveilleux de tout ce qui se rapporte aux origines de la dévotion au Sacré Cœur ». Le même grand évêque l'a dit : « Il nous sera donné de rendre un culte public au P. de la Colombière. » Il l'appelle « l'homme selon le cœur de Dieu, ayant la mission de

[1] Lettre au P. Pouplard, 21 décembre 1874. Voir *Pensées du P. de la Colombière*, par le même Père.

faire prévaloir dans l'Église une des plus miséricordieuses volontés du Seigneur Jésus, et fidèle exécuteur de cette volonté... l'élu du Cœur de Jésus, l'homme de son choix [1] ».

Le culte public rendu au vénérable Père sera une gloire pour le Sacré Cœur et la bienheureuse Marguerite Marie ; il le sera encore pour la Compagnie de Jésus et pour la France. Les enfants d'Ignace, aujourd'hui si persécutés, y trouveront une consolation, une preuve que le Sacré Cœur veille toujours sur eux. La France sera heureuse de voir glorifier un de ses enfants, qui lui a fait connaître le divin Cœur, origine de tant de grâces et de tant d'espérances, surtout pour notre chère patrie.

Un jour, pour l'exaltation de l'Église toute entière, la croix a paru triomphante dans les airs au premier des empereurs chrétiens, et une voix céleste lui dit : « Vous vaincrez par ce signe. » Constantin vainquit par ce signe, et la croix brilla sur le diadème des Césars. Quelques siècles plus tard, la France, envahie par les Anglais, était sur le point de périr, lors qu'une jeune fille, dont on poursuit à cette heure la béatification, vint la sauver des mains de l'étranger. Nous aussi, dans des temps non moins périlleux, peut-être même davantage, nous avons notre étendard, c'est le Cœur de Jésus. Un jour, espérons-le, il sera dit à l'Église et à la société chrétienne : « *In hoc signo vinces*, vous vaincrez par ce signe. » Et qui sait si en même temps nous ne verrons pas sur les autels l'héroïque vierge de

[1] Homélie du 21 juin 1875.

Domrémy et le saint directeur de la bienheureuse vierge de Paray ?

DÉCRET

Pour le diocèse d'Autun, concernant la béatification et la canonisation du vénérable serviteur de Dieu, le P. Claude de la Colombière, prêtre profès de la Compagnie de Jésus.

Sur le doute :

« S'il est à propos de signer la commission pour l'introduction de la cause, dans le cas et pour l'effet dont il s'agit ? »

Ardemment enflammé de ce feu de l'amour divin que le très aimable Rédempteur du genre humain a répandu sur la terre, du plus intime de son cœur, le P. Claude de la Colombière, encore vivant, acquit une grande réputation de sainteté. En effet, admis dès sa jeunesse parmi les membres de l'illustre Compagnie de Jésus, il s'élança très généreusement dans le chemin ardu de la perfection et se montra un modèle achevé de tout bien dans la doctrine, l'intégrité et la prédication de la parole de Dieu. C'est pourquoi, ne s'épargnant aucun travail et souvent en butte aux persécutions des impies, il gagna d'innombrables âmes à Jésus-Christ, soit en France, soit en Angleterre. Bien digne aussi d'avoir été donné de Dieu à la bienheureuse Marguerite-Marie Alacoque, non seulement pour guide dans la voie de la perfection, mais surtout comme son admirable auxiliaire dans la propagation du culte du Sacré Cœur de Jésus.

Cette renommée de sainteté, soit par les dons célestes, soit par les prodiges que l'on disait obtenus de Dieu par l'intercession de son serviteur, bien loin de cesser après sa mort, s'est toujours accrue davantage; et, après deux siècles environ, elle continue si vive et si entière, qu'elle a décidé le Révérendissime évêque d'Autun à établir l'enquête ordinaire à ce sujet. Cette enquête, accomplie selon les règles et déférée à la Sacrée Congrégation des Rites, Sa Sainteté notre Seigneur, le pape Léon XIII, a daigné permettre que le doute sur la signature de la commission pour l'introduction de la cause du susdit serviteur de Dieu, le P. Claude de la Colombière, fût traité dans la Congrégation ordinaire des Sacrés Rites, sans l'intervention et le vote des consulteurs, alors même que les dix ans n'étaient pas encore écoulés depuis le jour du dépôt des procès dans les actes de la même congrégation, et que les écrits du serviteur de Dieu n'avaient pas encore été recherchés et examinés.

C'est pourquoi l'Éminentissime et Révérendissime cardinal Miecislas Ledockowski, rapporteur de cette cause, sur la demande du R. P. Auguste Negroni, prêtre de la Compagnie de Jésus, postulateur de la même cause, eu égard aux lettres et aux instances d'un grand nombre d'éminents cardinaux de la sainte Église romaine, de révérendissimes évêques et d'autres personnages illustres par leur dignité ecclésiastique ou civile, a proposé, dans l'assemblée ordinaire des Sacrés Rites réunie aujourd'hui au Vatican, la discussion du doute suivant, à savoir : *S'il est à propos de signer la commission pour l'introduction de la cause dans le cas et pour l'effet dont il s'agit.*

Et la même S. Congrégation, toutes choses mûrement examinées, et après avoir ouï les dires du R. P. Laurent Salvati, promoteur de la sainte foi, tant en sa parole qu'en ses écrits, a été d'avis de répondre *affirmativement que l'on pouvait signer la commission, s'il plaît ainsi à Sa Sainteté*. 18 décembre 1879.

Une relation exacte de toutes les questions ci-dessus ayant été faite à Sa Sainteté le pape Léon XIII, par moi, secrétaire soussigné, Sa Sainteté a daigné approuver et confirmer la réponse de la S. Congrégation et signer de sa propre main la commission pour l'introduction de la cause du vénérable serviteur de Dieu susdit, le P. Claude de la Colombière. 8 janvier 1880.

D. Cardinal BARTOLINI, S. R. C.,
Préfet.

Place ✝ du sceau.

PLACIDE RALLI, S. R. C.,
Secrétaire.

FIN

TABLE DES MATIÈRES

LYON. — IMPRIMERIE PITRAT, RUE GENTIL

www.ingramcontent.com/pod-product-compliance
Ingram Content Group UK Ltd.
Pitfield, Milton Keynes, MK11 3LW, UK
UKHW021631260726
13994UKWH00003B/1168

9 782329 3696